LE CAP
INSOLITE ET SECRET

Justin Fox et Alison Westwood

ÉDITIONS JONGLEZ

guides de voyage

Alison Westwood a grandi à Johannesburg, avant de s'installer au Cap en 1999. Émerveillée par cette ville, qu'elle a aussitôt qualifiée de « plus belle cité du monde », elle n'a jamais plus déménagé, bien que ses nombreux voyages sur les cinq continents lui aient permis de découvrir d'autres paysages et modes de vie. Alison a étudié à l'Université de Rhodes, où elle a obtenu un diplôme en journalisme. Pendant plus d'une décennie, elle a travaillé en tant qu'écrivaine et photographe, se spécialisant dans les récits de voyage, tant pour la presse que pour les publications en ligne. Sa passion pour l'insolite et son souci du détail l'ont naturellement conduite à rechercher les secrets que recèle Le Cap, et cette expérience exaltante n'a fait que renforcer l'amour qu'elle porte à sa ville d'adoption.

Écrivain et photographe primé, ancien rédacteur en chef du magazine Getaway International, **Justin Fox** est actuellement basé au Cap. Depuis l'obtention de son doctorat en Anglais à l'Université d'Oxford, où il fut titulaire de la Bourse Rhodes, il est devenu chercheur à l'Université du Cap, où il enseigne désormais à temps partiel. Ses articles et ses clichés, embrassant un large éventail de sujets, ont paru dans plusieurs publications de niveau international. Parallèlement, ses nouvelles et ses poèmes ont été publiés dans divers recueils. Il a remporté deux fois le prix Mondi Shanduka, récompensant les meilleurs journalistes d'Afrique du Sud. Parmi ses ouvrages les plus récents figurent The Marginal Safari (Umuzi, 2010), Whoever Fears the Sea (Umuzi, 2014) et The Impossible Five (Tafelberg, 2015).

Nous avons pris un immense plaisir à la conception du guide *Le Cap insolite et secret* et espérons que, comme nous, vous continuerez grâce à lui à découvrir des aspects insolites, secrets ou encore méconnus de la ville.

Accompagnant certains lieux, des encadrés thématiques mettent en lumière des points d'histoire ou relatent des anecdotes qui permettront de comprendre la cité dans toute sa complexité.

Le Cap insolite et secret met également en valeur de nombreux détails visibles dans des lieux que nous fréquentons parfois tous les jours sans les remarquer. Ils sont une invitation à une observation plus attentive du paysage urbain et, de façon plus générale, un moyen pour regarder notre ville avec la curiosité et l'attention dont nous faisons souvent preuve en voyage...

Les commentaires sur ce guide et son contenu ainsi que les informations sur des lieux que nous n'évoquons pas ici sont les bienvenus. Ils nous permettront d'enrichir les futures éditions de ce guide.

N'hésitez pas à nous écrire :

- Éditions Jonglez, 25, avenue du Maréchal Foch, 78000 Versailles, France.
- par mail : infos@editionsjonglez.com

Philadelphia
Duynefontein
Melkbosstrand
N 7
R 27
Robben Island
M48
Bloubergstrand
Table Bay
p. 70
p. 122
Green Point
Bellville
p. 12
ATLANTIC OCEAN
Sea Point
City Bowl
N 1
M12
1 000 m
Table Mountain
N 2
Athlone
Cape Town International Airport
M6
851 m
742 m
M5
M63
Philippi
Hout Bay
514 m
Plumstead
594 m
Duikerpunt
M3
M7
928 m
M4
Strandfontein
R 310
Noordhoek
Chapman's Bay
Muizenberg
Seal Island
Kommetjie
Fish Hoek
Ocean View
M6
M4
M65
390 m
Simon's Town
576 m
M65
Cape of Good Hope
Cape Point
N
0
5
10 km
p. 180

Wellington
Windmeul
Klipheuwel
R 302
R 44
R 45
730 m
Paarl
N 1
WORCESTER
R 312
R 312
R 304
N 1
R 302
Klapmuts
R 301
Durbanville
N 1
R 44
Wemmershoek
1 391 m
R 45
R 310
Kuils River
Stellenbosch
M12
1 175 m
1 494 m
R 102
Blue Downs
1 090 m
1 590 m
R 44
N 2
1 591 m
Khayelitsha
R 310
Macassar
Somerset West
p. 226
Strand
N 2
Gordon's Bay
Grabouw
R 44
False Bay
N 2
MOSSEL BAY, PORT ELIZABETH
1 269 m
870 m
637 m
595 m
Rooiels
368 m
844 m
873 m
Kleinmond
Pringle Bay
R 44
454 m
Betty's Bay
Betty's Bay

LE CITY BOWL

LA CÔTE ATLANTIQUE

BANLIEUE SUD

PÉNINSULE MÉRIDIONALE

CÔTE OCCIDENTALE ET CAPE FLATS

0
200
400 m
N
Duncan Rd
South Arm Rd
Duncan Rd
Nelson Mandela Blvd
Nelson Mandela Blvd
Dock Rd
Dock Rd
Founders Garden
DF Malan St
Artscape Theatre
Christiaan Barnard Street
N2
Walter Sisulu Avenue
Helen Suzman Blvd
NORTH WHARF SQUARE
PIER PLACE
Heerengracht
Hertzog Blvd
Hospital St
Loop St
Long St
Prestwich St
Hans Strijdom Avenue
MERRIMAN SQUARE
Somerset Rd
Prestwich Memorial
Buitengracht Street
Bree St
Loop St
THIBAULT SQUARE
Adderley Street
Riebeek St
CITY BOWL
Dixon St
Hudson St
Long St
Strand Street
Strand Street
Strand Street
Castle St
Castle St
Sir Lowry Road
Hout Lane
Bree St
Loop St
Hout Lane
Adderley Street
Bo-Kaap
Shortmarket St
GREENMARKET SQUARE
St George's Mall
Darling Street
Castle of Good Hope
Keizersgracht
Longmarket St
Buitenkant Street
Church St
Church St
Caledon St
Caledon St
Wale Street
Wale Street
Plein Street
St George's Cathedral
Barack St
Canterbury St
Constitution St
Pentz St
Dorp St
Houses of Parliament
Commercial St
Drury St
De Villiers St
Pepper St
Bree St
Loop St
Long St
Queen Victoria St
Roeland Street
Bloem St
Hope St
Company's Garden
Lion St
Bryant St
Glynn St
Jordaan St
Orphan St
McKenzie St
TUIN SQUARE
Glynn St
Wesley St
South African Museum & Planetarium
St John's Street
Buitenkant Street
Solan St
Buitengracht Street
Jutland Avenue
Whitford St
Orange Street
Government Avenue
M3
Hope St
Upper Buitengracht St
New Church St
Hatfield St
Virginia Ave
Milner St
Park St
Faure St
Mill St
Buitenkant Street
Brownlow Road
Carstens St
Kloof St
Annandale St
Burnside Road Park
Breda St
Burnside Road
Eaton Rd
Weltevreden St
Hof St
Woodside St
Upper Orange Street
Gilmour Hill Rd
Upper Union St
Union St
Moray Place
Belle Ombre Rd
Camp Street
Prince St
Camden St
Warren St
Gardens
Lingen St
Molteno Rd
De Waal Park
Sophia St
Hastings St
De Lorentz St
Kloof St
Saint Michaels Rd
Hofmeyr St
Molteno Reservoir
Tamboerskloof
Kloof Nek Road
Varsity St
Belvedere Ave
Alexandra Ave
Forest Rd
Belmont Ave
Upper Orange Street
De Hoop Ave
Hof St
Buxton Ave
Molteno Rd
M62
Firdale Ave
Leeuwenhof
Montrose Ave
1
2
3
4
5
6
7
8
9
10
11
12
13
14
15
16
17
18
19
20
21
22
23
24
25
26
27
28

LE CITY BOWL

LA MOSQUÉE AUWAL

1

34, Dorp Street
• Les visiteurs sont les bienvenus, mais doivent porter un pantalon ou une jupe, se couvrir la tête et se déchausser
• La mosquée est ouverte tous les jours de 6h à 20h, mais il convient d'éviter de visiter les lieux pendant les prières, qui ont lieu à 13h, 16h, 18h15 et 19h30 (chacune durant approximativement 15 à 30 minutes)

« La plus ancienne mosquée d'Afrique du Sud

Parmi les dix mosquées du quartier de Bo-Kaap, la plus remarquable est celle d'Auwal (ou Owal, al-awwal signifiant « le premier » en arabe) : bien qu'elle ne soit pas la plus spacieuse, et qu'elle soit aujourd'hui cernée par les maisons de Dorp Street, elle constitue, selon la tradition orale, le plus ancien lieu de culte islamique édifié en Afrique du Sud.

Il est malaisé, cependant, de déterminer la date exacte de sa construction. Une plaque apposée au monument mentionne l'an 1794, mais cette information demeure douteuse : bien que la pratique de l'islam n'ait pas été officiellement interdite, la Compagnie néerlandaise des Indes orientales (VOC) n'autorisait d'autres édifices religieux que les églises réformées. C'est donc plus vraisemblablement après 1795, lors de la première occupation britannique du Cap, qu'elle fut édifiée. Une version prétend que la propriété aurait été achetée en 1794 par un vryezwarten (esclave noir affranchi) nommé Coridan van Ceylan. Il l'aurait transmise à son gendre, Achmat van Bengalen, qui y aurait fait bâtir une mosquée en 1798. D'autres sources affirment que le terrain aurait été donné par une femme, Saartjie van de Kaap, qui aurait été l'épouse de l'imam, ou la petite-fille de Coridan van Ceylan… mais son titre de propriété ne remonterait qu'à 1809. D'autres encore racontent que l'administration britannique aurait cédé un entrepôt en 1797, qui aurait été transformé en mosquée. Toutefois, toutes les sources s'accordent à dire que le premier imam d'Auwal fut Abdullah ibn Kadi Abd al-Salam, également connu sous le nom de Tuan Guru. Ce prince de Tidore (une île d'Indonésie située dans la mer des Moluques), avait été banni par la VOC au Cap en 1780 et emprisonné à Robben Island pendant douze ans. Il y aurait écrit plusieurs copies du Coran de mémoire (l'une de ces copies manuscrites a, hélas, disparu de la mosquée Auwal en 2008). Lorsque Tuan Guru mourut en 1807, sa succession fut âprement disputée, et certains fidèles se regroupèrent autour de la mosquée de Palm Tree sur Long Street. Achmat van Bengalen devint imam de la mosquée Auwal en 1822, mais mourut un an plus tard, âgé de 93 ans.

En 1930, une partie de la mosquée s'effondra, et sa reconstruction entraîna des modifications majeures, notamment l'ajout du minaret. Le bâtiment a été rénové et agrandi en 1986. De l'édifice original, il ne reste plus que deux murs.

ANCIENS RAILS DE TRAMWAY

2

St Andrews Square
Au coin de Somerset Road et de Buitengracht Street

Les traces d'un réseau de transport méconnu

En 2007, la construction du Monument aux morts de Prestwich a permis de mettre au jour d'anciens rails de tramway, qui constituent les vestiges d'un réseau de transport presque oublié de nos jours.

Les premiers tramways hippomobiles du Cap ont commencé à circuler en 1863, d'Adderley Street à Green Point, en passant par Somerset Road. En 1896, l'électricité remplaça les chevaux et, le 9 novembre 1901, la ligne de tramway s'étendit, au-delà de Sea Point, jusqu'à Camps Bay. Un deuxième réseau, menant du Cap à Camps Bay par Kloof Nek, fut ouvert un an plus tard. Ces deux lignes, qui contournaient la montagne, constituaient alors de véritables prouesses techniques, car les rames devaient franchir des pentes abruptes et des virages serrés.

Le voyage, long de quelque 19 kilomètres, durait à peine plus de 40 minutes : il fut qualifié, dans un guide de la ville, comme « sans doute le plus beau du monde ». À cette époque, il fut décrit comme une attraction touristique majeure du Cap, à tel point que la famille royale britannique l'emprunta pour faire un aller-retour jusqu'à Camps Bay.

Cependant, le véritable objectif de ce tramway était de promouvoir le développement immobilier aux alentours de Camps Bay. Hélas, la Seconde Guerre des Boers mit un terme à ce projet : en 1902, environ 27 000 personnes ont quitté Le Cap, entraînant la stagnation des prix des terrains de Camps Bay.

Le dernier tramway vers Camps Bay a circulé le 16 février 1930. On en récupéra ensuite divers éléments pour en faire des trolleybus, désignés localement comme des « trams sans voie ferrée ». Ils sont demeurés en service jusqu'en 1939.

Quant à la centrale électrique du tramway de Camps Bay, elle existe encore : elle est devenue le Theatre on the Bay.

L'ITINÉRAIRE DE L'ANCIEN TRAMWAY

Le tramway effectuait des trajets aller-retour du Cap à Camps Bay. Partant du centre d'Adderley Street, les rames remontaient Wale Street et Buitengracht, jusqu'au coin de Burnside Road. À cet endroit, la ligne rejoignait celle de Kloof Nek Road pour redescendre vers Camps Bay. Le terminus se situait alors en face de l'hôtel Rotunda sur Victoria Road (devenu depuis le luxueux Bay Hotel). En continuant vers Le Cap par Sea Point, le tramway passait par Kloof Road, qui rejoignait la ligne de Main Road Sea Point à l'intersection de Regent Road. Les rames descendaient ensuite Somerset Road et Waterkant, traversant Long Street et Strand Street, pour revenir à Adderley Street.

LE MONUMENT AUX MORTS DE PRESTWICH ❸

Prestwich Memorial and Visitors Centre
Au coin de Buitengracht Street et de Somerset Road
• Tél. 021 418 0073
• Horaires d'ouverture : du lundi au vendredi de 7h à 17h et du samedi au dimanche de 8h à 13h

« *Les restes des morts oubliés du Cap*

Implanté dans un jardin jouxtant St. Andrew's Square, le Monument aux morts de Prestwich, reconnaissable à sa façade en ardoise de Robben Island, abrite un ossuaire ainsi qu'une série d'œuvres dignes d'intérêt, notamment une copie d'un panorama à 360 degrés de la Baie de la Table, peint par Robert Gordon en 1778.

Cet édifice contient les restes de quelque 2 500 personnes, dont les squelettes ont été découverts au cours de travaux réalisés à l'angle de Prestwich Street et d'Albert Street : cette fosse commune rassemblait sans doute diverses classes sociales, serviteurs, esclaves, lavandières, marins et condamnés à mort par le gouvernement colonial, entassés là de la seconde moitié du XVIIIe siècle à la fin du XIXe siècle. L'examen de leurs restes a montré que ces malheureux appartenaient à divers groupes ethniques : ce charnier constituait donc une sorte de microcosme de la population, multiculturelle, du Cap.

Dans la ville coloniale du Cap, nombre de défunts n'étaient pas admis dans les cimetières régis par l'Église. L'objet du Monument aux morts de Prestwich est de rendre hommage à ces citoyens oubliés. Leurs restes sont conservés dans des boîtes disposées sur des étagères, et beaucoup d'entre elles ne sont que numérotées, faute d'avoir pu découvrir l'identité de chacun.

Les quartiers de Green Point et De Waterkant ont longtemps été le théâtre de conflits de classes et de races. Au début de la période coloniale, ce secteur servait donc de cimetière aux « indésirables ». Dans les années 1820, cette zone fut divisée et vendue par parcelles, qui devinrent une partie du noyau urbain de la ville, alors en pleine croissance. Puis, dans les années 1960, les citoyens noirs ont été transférés, de force, dans le secteur des Cape Flats.

Lorsque, en 2003, un chantier a mis au jour des ossements humains, les entrepreneurs ont, conformément à la loi, suspendu leurs travaux et transmis cette information à l'Agence des Ressources du Patrimoine sud-africain, qui a mandaté des archéologues de l'Université du Cap.

Ceux-ci ont commencé à exhumer les restes humains sans attendre que la procédure administrative soit achevée, générant des conflits entre les universitaires, la société civile, les entrepreneurs et les responsables gouvernementaux. Pour y mettre un terme, la municipalité du Cap a décidé d'édifier cet ossuaire sur un site voisin de la découverte.

34
T. GIBSON & Co
T. GIBSON
AND
Co

LA FAÇADE DE LA BOUTIQUE « MERCHANTS ON LONG »

4

34-36, Long Street
• Horaires d'ouverture : du lundi au vendredi de 10h à 18h et le samedi de 10h à 14h

> **Une façade en terre cuite importée d'Édimbourg en 1986**

Sur Long Street, à hauteur des numéros 34 à 36, un petit bâtiment de deux étages retient l'attention par son architecture Art déco, ainsi que par sa façade ornée de motifs en terre cuite.

Bien que ce type de parement en argile de couleur terre de Sienne ait surtout été à la mode au début du XIXe siècle, l'édifice lui-même date de la seconde moitié du XVIIe siècle, peu après l'arrivée de Van Riebeeck au Cap. Sa construction a mis en œuvre ce que l'on appelait alors le *koffie klip* (« pierre de café »), nom par lequel les Néerlandais désignaient l'ardoise extraite de la Montagne de la Table.

Au fil des siècles, le bâtiment a subi de nombreuses transformations : au XIXe siècle, un second étage lui fut ajouté, témoignant de la prospérité croissante de la ville, et la bâtisse devint un établissement de bains réputé. À l'intérieur, on remarque toujours deux niches voûtées en brique rouge de style victorien, ainsi qu'un passage datant sensiblement de la même époque.

En 1896, le grossiste en lin Thomas Gibson fit l'acquisition du bâtiment, chargeant Anthony de Witt, l'un des architectes les plus prolifiques du Cap, de le réaménager. Une façade en terre cuite a alors été importée d'Édimbourg. Celle-ci, cependant, ne fut installée que sept ans plus tard, en 1903. Depuis lors, la porte et son imposte, ainsi que la vitrine, faits de teck, sont encadrés de pilastres en terre cuite ornés de visages humains. À l'intérieur de la porte, le curieux remarquera également une incrustation de majolique victorienne, qui fut aussi commandée par Gibson.

Pendant de nombreuses années, cette merveille architecturale fut consacrée au commerce d'articles haut de gamme. Pendant les années 1950 et 1960, la firme « Gentleman Sellars » s'y installa, avant qu'une galerie d'art ne lui succède. En 2010, Merchants a été transformée en boutique d'articles produits localement. Son nouveau propriétaire, Hanneli Rupert, l'a fait rénover par l'architecte d'intérieur Graham Viney et par le maître d'œuvre Shafik Adams : certaines parties des murs montrent encore la « pierre de café » des origines, et les plafonds ont été restaurés pour mettre en valeur de magnifiques poutres en pin de l'Oregon.

Le bâtiment a été classé Monument national en 1995.

LA TROISIÈME ROUTE PERPENDICULAIRE À LA MONTAGNE

Jusqu'aux années 1790, Long Street était nommée De Derde Berg Dwars Straat, « La Troisième Route perpendiculaire à la montagne ». À tort, on traduit souvent cette formule par « parallèle à la montagne ».

SO SÊ
DIE
HERE

SLAVE CHURCH MUSEUM

5

40, Long Street
• Horaires d'ouverture : du lundi au vendredi de 9h à 16h

« *La plus ancienne église missionnaire d'Afrique du Sud*

L'église des Esclaves (*Slave Church*), bien qu'elle constitue l'une des plus anciennes et des plus remarquables constructions de Long Street, n'attire guère que de rares visiteurs. Achevée en 1802, elle fut pourtant la première église missionnaire d'Afrique du Sud. Seules deux autres églises du Cap sont plus anciennes que celle-ci et ont, comme elle, conservé leur aspect original (la première d'entre elles, la Groote Kerk, fut presque entièrement reconstruite en 1841).

L'Institution missionnaire sud-africaine (*Sendingsgestig*) a été fondée en 1799 par quatre missionnaires (deux Néerlandais et deux Anglais), envoyés par la *London Missionary Society* afin d'alphabétiser et d'évangéliser les « païens » du Cap, notamment les esclaves.

L'église des Esclaves a été bâtie par le maître maçon Johan Gottfried Mocke et le maître charpentier Joseph van Schalkover, avec le concours d'esclaves et de Noirs libres. Elle fut la première église sud-africaine à adopter le plan d'une basilique. L'extérieur comporte quatre pilastres corinthiens, une corniche dentelée, un gâble surmonté de quatre urnes, et une volée de marches faites d'ardoise de Robben Island. Cette église demeure, par ailleurs, le seul exemple de bâtiment dont la toiture ait été réalisée en mortier à base de chaux (il était alors imperméabilisé chaque année avec de l'huile de baleine).

À l'intérieur du monument, le visiteur découvre des bancs de chêne, un orgue et une chaire de style néoclassique dotée de deux escaliers. Deux élégantes colonnes en teck (fabriquées à partir du mât d'un seul navire) soutiennent la galerie principale, faite de bois d'origine locale.

Au cours des années 1950-1960, la ségrégation raciale urbaine a déplacé la majeure partie de la congrégation dans le secteur des Cape Flats, et le bâtiment a commencé à se délabrer. Vendue en 1971, l'église échappa de peu à la démolition, d'autant que, en 1977, une partie de son mur nord s'effondra. Heureusement, en 1978, les autorités provinciales ont décidé de la restaurer, en s'inspirant d'un dessin de la façade originale datant des années 1830.

AUX ALENTOURS :

LE PLUS ANCIEN ASCENSEUR DU CAP

À proximité de la *Slave Church*, dans le hall de l'hôtel Grand Daddy (ouvert en 1895 sous le nom de « Metropole »), se trouve le plus ancien ascenseur de la ville en état de fonctionnement. En l'empruntant, puis en gravissant quelques marches supplémentaires, on découvre une série de caravanes vintage, décorées par des artistes locaux, dans lesquelles il est possible de passer la nuit.

MÉMORIAL DE LA GRANDE GUERRE

6

À gauche de l'entrée principale du Fort de Bonne-Espérance

Une croix en chêne du bois Delville, en France

Sur la façade du Fort de Bonne-Espérance se trouve une croix en chêne provenant du nord de la France, où de nombreux soldats sud-africains ont perdu la vie lors de la bataille du bois Delville.

Ce sobre mémorial, protégé par une alcôve blanche, porte l'inscription : « En mémoire des officiers et de tous les autres membres du 1er Régiment de la Brigade d'Infanterie sud-africaine tombés pendant la Grande Guerre, 1914-1918. Cette croix a été érigée en France par leurs camarades survivants. »

La bataille du bois Delville fut l'une des plus sanglantes jamais livrées par des soldats sud-africains. Intégrée à la 9e Division écossaise, la 1re Brigade d'Afrique du Sud prit part à l'offensive sur la Somme en 1916, notamment lors des batailles du bois des Troncs, de la ville de Longueval et du bois Delville. La brigade sud-africaine fut presque entièrement anéantie au cours de ces conflits : sur un contingent de quelque 4 000 hommes, seuls 29 officiers et 751 soldats ont survécu.

Le bois Delville, particulièrement dense, constituait une position stratégique convoitée par les deux camps : dans le cadre d'une offensive générale débutant le 14 juillet, le général Douglas Haig, commandant de la Force expéditionnaire britannique, avait ainsi décidé de déloger la position allemande établie entre le bois Delville et Bazentin-le-Petit.

La 1re Brigade d'infanterie sud-africaine a conquis le bois Delville le 15 juillet, et a tenu sa position jusqu'au 19 juillet, malgré de très lourdes pertes, car le village de Longueval et le bois Delville demeuraient toujours vulnérables par rapport à l'artillerie allemande, qui les harcelait de trois côtés. En juillet et août 1916, les deux parties ont continué à se disputer le bois et le village, sans qu'aucune ne puisse remporter de victoire décisive.

DEUX MINUTES DE SILENCE ORIGINAIRES DU CAP

L'idée d'un silence de deux minutes pour saluer la mémoire des combattants de la Première Guerre mondiale est venue du Cap ; lorsque le canon de midi a été tiré de Signal Hill le 14 mai 1918, la ville entière a cessé toute activité pendant deux minutes : une pour les morts, et une pour les survivants. Depuis 1919, cette tradition est observée dans le monde entier, le 11 novembre, « Jour du Souvenir ».

FONTAINE À LA MÉMOIRE DE LIGHTFOOT

7

Marché aux fleurs de Trafalgar Place
Au coin de Trafalgar Street et de Parliament Street

« *Un monument à la gloire d'un bienfaiteur du Cap*

Peu de Captoniens connaissent la fontaine érigée à la mémoire de Lightfoot, masquée par les stands des fleuristes d'Adderley Street. Ce monument, inauguré en 1907 et passablement dégradé, est dédié à l'archidiacre et missionnaire Thomas Lightfoot (1831-1904), qui a voué son existence aux habitants les plus pauvres du Cap, de toutes les races et de toutes les cultures, en luttant contre les discriminations et en prenant soin des malades.

Thomas Lightfoot est né et a grandi en Angleterre, où il a d'abord travaillé comme journaliste. En 1853, il décida de devenir missionnaire, et fut ordonné diacre en 1857. Il arriva au Cap par bateau un an plus tard, à l'âge de 27 ans. Après avoir pris en charge la nouvelle église Saint-Paul de Bree Street, il se consacra à aider les plus démunis. Son énergie et son inlassable activité lui conférèrent le surnom de « *Southeaster* » (le *South Easter* est un vent violent qui souffle sur le Cap du printemps à la fin de l'été. Il est aussi appelé Cape Doctor, car, selon la croyance populaire, il éliminerait du Cap sa pollution et ses maladies).

Lightfoot organisa des soupes populaires gratuites, et fonda des refuges pour les sans-abri. Tout l'argent qu'il reçut (y compris son salaire dérisoire) servit ces causes. Ayant appris le néerlandais et le dialecte local xhosa, il s'efforça en outre d'évangéliser la population en traduisant des prières.

Il a également ouvert une école pour artisans, et a œuvré pour les détenus des prisons de Roeland Street et de Breakwater. Pendant la grande épidémie de fièvre de 1867, il prit soin des malades, et une salle de l'hôpital Somerset reçut son nom.

Lightfoot devint chanoine en 1870 et archidiacre du Cap en 1885. Son décès le 12 novembre 1903, à l'âge de 73 ans, fut attribué aux blessures subies lorsqu'il fut renversé par le *South Easter* à proximité de l'emplacement actuel de son mémorial. Pour marquer son décès, la cloche de la cathédrale Saint-Georges sonna pendant une heure. Pas moins de trois trains furent nécessaires pour convoyer une partie des quelque 4 000 personnes qui accompagnèrent son cercueil jusqu'au cimetière.

Cette fontaine en marbre rouge de Vérone, haute de trois mètres, est une copie de celle du marché de Vérone, en Italie, qui date du XIVe siècle.

A. DIMER
114
25
OUMAN
O. BERGH
3

LA TOMBE D'OLOF BERGH

8

Groote Kerk, Parliament Street
• Horaires d'ouverture : du lundi au vendredi de 10h à 14h

Le tombeau de l'une des plus grandes fripouilles du Cap

Les visiteurs de la Groote Kerk (la plus ancienne église d'Afrique du Sud) se précipitent généralement vers le grand orgue et la magnifique chaire, œuvre du sculpteur Anton Anreith. Aussi, fort peu d'entre eux prennent le temps de remarquer un petit pavé situé près de l'entrée, qui porte une courte inscription : « O. Bergh 3 ».

Environ 200 éminents Captoniens ont été enterrés dans des cryptes situées sous le sol de l'église : les restes de huit gouverneurs s'y trouvent encore (Simon van der Stel, le premier gouverneur du Cap, notamment, est inhumé sous la chaire). Apparemment, la pratique consistant à enterrer de riches fidèles dans les églises, où ils se décomposaient, a donné naissance à l'expression de « riche puant ». Et Olof Bergh, dont la tombe est marquée par cette pierre, fit certainement partie du petit cercle ainsi désigné.

Bergh arriva au Cap en 1676, jeune sergent enthousiaste de la Compagnie néerlandaise des Indes orientales (VOC). Il a ensuite participé à de nombreuses missions ordonnées par van der Stel, notamment à la récupération de la cargaison d'un navire anglais, Joanna, coulé près de Gansbaai en 1682.

En 1686, lorsque le navire portugais Nossa Senhora de los Milagros, apportant des présents aux rois d'Angleterre, de France et du Portugal, sombra au cap Agulhas, van der Stel fit également partie de l'équipe de sauvetage. Toutefois, lorsque Bergh et lui revinrent au Cap, ils ne remirent au Conseil qu'une partie du trésor récupéré. Les rumeurs ont alors abondé, et furent confirmées lorsque l'un des participants à l'opération vendit plusieurs objets de valeur. Les autorités fouillèrent alors le jardin de Bergh, où elles déterrèrent une autre partie du butin. Bergh avoua son rôle dans le vol, mais impliqua imprudemment van der Stel, qui lui avait évidemment ordonné de se taire à son sujet. Bergh donc fut emprisonné à Robben Island, jusqu'à ce que la VOC lui offre un emploi à Ceylan. Puis, en 1695, il fut gracié, revint au Cap en tant que capitaine et fut même nommé commandant de la garnison.

Bergh est mort à l'âge de 80 ans. Il était alors l'un des hommes les plus riches du Cap, et l'un de ses principaux propriétaires terriens. Il avait même acheté une partie de la succession de van der Stel. Comme son ancien maître, il y mourut et fut enterré à quelques mètres de lui, dans la même église.

LE CARILLON DE L'HÔTEL DE VILLE

9

Hôtel de Ville du Cap, Darling Street
• Tél. 021 465 2029
• Sur rendez-vous uniquement

Un mémorial méconnu de la Première Guerre Mondiale

Bien que l'Hôtel de Ville constitue un repère familier, peu savent que sa tour haute de 61 mètres abrite, derrière sa grande horloge (conçue sur le modèle de Big Ben, à Londres), un merveilleux carillon doté de 39 cloches. Il s'agit d'ailleurs du seul carillon opérationnel sur le continent africain.

Sollicitée par les femmes du Cap en tant que monument aux morts de la Première Guerre mondiale, l'acquisition de ce carillon fut proposée par la mairesse du Cap, Anna Thorne, cinq jours seulement après l'armistice. C'était alors le premier carillon conçu pour rendre hommage aux héros de la Grande Guerre (nombre d'autres ont ensuite été construits dans les pays alliés). Chaque cloche porte le nom d'un champ de bataille sur lequel les troupes sud-africaines ont combattu.

Ce carillon a été fabriqué en 1923 par la fonderie de cloches anglaise Taylor & Co. à Loughborough. Il a coûté 3 300 £ (ce qui équivaut à plus de 200 000 € de nos jours) et a été transporté gratuitement par l'*Union Castle Mail Steamship Company*. Le carillon a été inauguré le 30 avril 1925, à l'occasion de la visite du Prince de Galles. Les premiers concerts ont été donnés par le carillonneur belge Anton Brees, et le premier morceau joué fut l'hymne « *Oh God, Our Help in Ages past* » (« Dieu, notre Sauveur depuis toujours »).

L'ensemble des cloches du carillon pèse 15,5 tonnes. L'instrument comprend trois niveaux, chacun disposant de deux rangées de cloches. Il fonctionne sur des barres verticales, grâce à un système complexe de câbles reliés aux cloches. Le clavier qui les commande permet à un carillonneur de jouer n'importe quel morceau, qu'il s'agisse de Beethoven ou des Beatles. Une salle située sous les cloches abrite également un clavier d'entraînement, ainsi qu'un clavier principal et un dispositif permettant de changer de tonalité : il est ainsi possible de jouer deux séquences différentes en même temps.

Le dernier maître organiste qui l'utilisa fut l'Allemand Ulrich Leykam, en 2010.

Hélas, pour découvrir les cloches du carillon, le curieux devra gravir un escalier poussiéreux et mal entretenu. Il est donc recommandé de ne pas être sujet au vertige, et de se munir d'une lampe-torche.

UN CARILLON QUI SONNA POUR LA LIBÉRATION DE NELSON MANDELA

Le carillon du Cap sonna également le 11 février 1990, à l'occasion de la libération de Nelson Mandela, qui prononça son premier discours public en tant qu'homme libre depuis le balcon de l'Hôtel de Ville.

UNE VIGNE HISTORIQUE

10

Au coin de Bree Street et de Shortmarket Street
Cour accessible par le Heritage Square Hotel

Probablement la plus vieille vigne de l'hémisphère sud

Dans une cour encadrée de maisons anciennes pousse une vénérable vigne qui produit encore quelques litres de vin chaque année. On estime qu'elle a été plantée en 1771 : elle serait donc la plus vieille de l'hémisphère sud.

Au Cap, la vinification remonte aux premiers jours de la colonie néerlandaise. Le scorbut, causé par une carence en vitamine C, était alors le fléau des marins. C'était la principale raison pour laquelle Jan van Riebeeck fut envoyé au Cap pour y établir un poste de ravitaillement en 1652. Le commandant van Riebeeck avait été assistant chirurgien à Batavia et croyait (à tort) que le vin pouvait guérir le scorbut. Naturellement, planter des vignes fut l'une de ses priorités. Sept ans plus tard, le 2 février 1659, il écrivit dans son journal : « Aujourd'hui, louange à Dieu, du vin a été fait pour la première fois à partir de raisins du Cap. »

La viticulture s'étendit rapidement dans le pays, et les bourgeois du Cap prirent l'habitude de planter des vignes dans leurs jardins et de produire leur propre vin. Ce fut probablement le cas de la vigne de l'Heritage Square. Dans ce secteur, les maisons ont été construites en 1771 et, dans un journal daté de 1785, le premier propriétaire des lieux s'est vanté de « boire du vin sous la treille ». En 2008, cette même vigne a encore produit 15 litres d'excellent vin, étiqueté « Heritage 1771. »

L'existence de cette vigne tient du miracle. En effet, dès le début de la seconde moitié du XIXe siècle, les vignobles européens ont été décimés par le puceron nommé phylloxéra. Il s'est propagé au Cap en 1866, causant de graves dommages, mais la vigne aujourd'hui désignée sous le nom de « Heritage » lui a échappé : elle constitue donc l'un des derniers ceps d'origine française à avoir évité ce fléau.

Dans les années 1960, les maisons du quartier ont été menacées de démolition - le projet municipal étant alors de construire un parking à leur place. Pendant plus d'une décennie, la vigne a survécu sans être entretenue, alimentée uniquement par l'eau de pluie. Heureusement, le projet de parking fut annulé, et le Cape Town Heritage Trust, fondé en 1987, s'est engagé à rénover le quartier.

La vigne « Heritage » est si ancienne qu'il est difficile d'identifier avec précision sa variété. Une première étude a suggéré qu'il s'agissait d'un Crouchen Blanc. Cependant, lorsque le viticulteur Jean-Vincent Rindon a prélevé quelques boutures pour les faire analyser à l'Institut national français de Recherche agricole, il est apparu qu'il s'agissait probablement de « Gros Chenin », mieux connu sous le nom de « Chenin blanc ».

L'ANCIEN SILO À GRAINS

11

Old Granary Building
Buitenkant Street

Un bâtiment historique au passé mouvementé

Peu de passants remarquent l'ancien silo à grains de Buitenkant Street, négligé depuis plus d'une décennie. Il constitue pourtant l'un des sites les plus intéressants de la ville. Datant de 1814, il fit d'abord office de bureau de douane. Il a ensuite servi de tribunal de police, de grenier, de bureau de poste, de prison pour femmes, de bureau du génie civil et d'observatoire astronomique improvisé. Construit dans un style néo-classique, c'est aussi l'un des rares exemples conservés de bâtiments publics bâtis par des esclaves.

Conçu par l'architecte français Louis Michel Thibault, qui a travaillé sur de nombreux édifices parmi les plus importants du Cap, il a aussi été l'une des dernières constructions sur lesquelles Thibault a œuvré avant de mourir d'une pneumonie en 1815.

Le sculpteur allemand Anton Anreith, l'un des plus fameux artisans d'Afrique du Sud, qui a collaboré étroitement avec Thibault sur de nombreux projets, a réalisé le fronton portant les armoiries britanniques, ainsi que les

représentations de Britannia et de Neptune ornant les coins du bâtiment.

À l'époque où cet édifice faisait office de prison pour femmes, l'une de ses détenues le décrivit comme un « repaire d'infamie ». Par la suite, il a constitué un observatoire de fortune pour Fearon Fallows, un jeune astronome de Cambridge envoyé au Cap en 1820 : les autorités de l'époque ayant refusé de financer ses recherches et de l'héberger, il trouva refuge dans une chambre de l'ancien silo.

Pour l'instant, cet édifice demeure vacant, bien qu'il soit prévu de le rénover et de le louer à la Fondation Tutu. Ce programme étant censé durer plusieurs années, on ne peut qu'espérer qu'il sera mené à terme.

AUX ALENTOURS :

LE LION ET LA LICORNE

À l'arrière du musée Slave Lodge, du côté de Parliament Street, se trouve une curiosité attribuée au sculpteur Anreith : un fronton portant un blason britannique, datant apparemment de l'époque où il travaillait à l'ancien silo. On raconte que cette œuvre fut dissimulée jusqu'à son achèvement. Lorsqu'elle fut dévoilée, les Britanniques auraient découvert une autre version de leur blason : à la place des fiers animaux auxquels ils étaient accoutumés, Anreith avait sculpté un lion triste et abattu, ainsi qu'une licorne à l'air angoissé. Lorsqu'on lui a demandé de s'expliquer, l'artiste aurait répondu que cette interprétation, que les Britanniques finirent par tolérer, symbolisait la Grande-Bretagne après les guerres napoléoniennes.

L'HÔTEL *DUTCH MANOR ANTIQUE*

12

158, Buitengracht Street
• Tél. 021 422 4767
• E-mail : info@dutchmanor.co.za

L'élégance du vieux Cap

Située en bordure du quartier coloré de Bo-Kaap, sur le versant de la montagne de Signal Hill, une ancienne maison a été transformée en hôtel : depuis sa restauration, le *Dutch Manor Antique* permet à ses clients de retrouver le décor qui faisait, au XIXe siècle, l'élégance du Cap.

Ce bâtiment de deux étages a conservé son aspect original, avec ses deux pilastres cannelés encadrant la porte d'entrée.

Le *Dutch Manor* a été bâti sur une parcelle cédée en 1811 par le *Raad der Gemeente* (« Conseil municipal ») à un commerçant nommé Johannes Joachim Theron. La maison date donc de cette époque, et fut probablement construite dès 1812 par Theron, qui conserva cette propriété jusqu'en 1824. Plus tard au cours du siècle, elle fut transformée une première fois en hôtel (le « Nova Scotia »), avant de servir de logement à une famille de 17 personnes. Elle devint par la suite un cabinet d'avocats, et même une maison close. Enfin, en 1990, le bâtiment a été restauré par l'architecte Gawie Fagan, et fut classé Monument national l'année suivante.

L'hôtel actuel, dont le logo est le portrait du fondateur du Cap Jan van Riebeeck, a été meublé dans le style du XIXe siècle : ainsi, dès qu'il franchit le seuil de l'établissement, le visiteur est transporté à l'époque coloniale, en découvrant le comptoir de la réception en acajou, daté du 6 mai 1852.

Le *Dutch Manor*, avec ses hauts plafonds et ses planchers grinçants, est protégé du tumulte urbain par l'épaisseur de ses murs et ses lourds rideaux de brocart. Chaque élément du décor a été choisi avec une attention particulière : argenterie fine, délicates faïences dans le style de Delft, ouvrages anciens. Un certain nombre de très beaux meubles y ont également été rassemblés, notamment des tables en bois précieux, dont l'une date de 1710. À l'étage, un salon contient deux fauteuils provenant de l'ancien Parlement de l'Union, ainsi qu'une splendide armoire en micocoulier d'Afrique. Des miroirs aux cadres dorés, de belles lampes et des fleurs abondantes complètent le caractère chaleureux des lieux.

Les chambres, dotées de lits à baldaquin de différentes périodes, d'armoires et de coffres anciens, témoignent également du soin extrême apporté à chaque détail de la décoration de l'hôtel.

NOTICE.—DESTITUTE CHILD.
NOTICE.
NOTICE.
NOTICE.
NOTICE.
NOTICE.
NOTICE.
NOTICE.—DESTITUTE CHILD.

MÉMORIAL « NOUS SOMMES TOUJOURS LÀ » 13

Au coin de Longmarket Street et de Parade Street

Une mosaïque en mémoire des enfants démunis

Derrière la bibliothèque publique du Cap, un émouvant monument a été érigé en souvenir des quelque 7 000 enfants de toutes les races réduits en servitude dans la colonie du Cap, longtemps après l'abolition de l'esclavage en 1833.

En 2006, Lance van Sittert, du Département des Études historiques de l'UCT, a découvert des milliers d'encarts mentionnant des enfants orphelins et démunis, publiés dans la *Cape Government Gazette* entre 1841 et 1921. Ces notices, souvent intitulées « Enfant sans ressources », énuméraient des noms d'enfants, leur sexe, leur race, leur âge, leur origine et parfois les circonstances dans lesquelles ils avaient été abandonnés. Conformément à la loi, les enfants qui n'étaient pas réclamés dans les six semaines suivant la publication de l'avis étaient alors placés en apprentissage auprès de « personnes compétentes ». Certains de ces enfants n'étaient âgés que d'un mois.

En 2011, grâce à un prix décerné par l'Institut Donald Gordon Creative Arts, l'artiste locale Lovell Friedman a reproduit ces notices sur des carreaux de céramique, qu'elle a disposés de manière à former l'image d'un enfant. Ce monument s'intitule « Nous sommes toujours là », en trois langues (afrikaans, anglais et xhosa) : « *Ons is nog hier - We are still here - Siselapha* ».

Hélas, la question des enfants livrés à eux-mêmes et exploités comme main d'œuvre demeure une réalité en Afrique du Sud. Ce mémorial, tout en rappelant l'un des aspects les plus sinistres du passé, a aussi pour vocation de dénoncer le manque de protection sociale dont souffrent les enfants dans la société actuelle.

D'AUTRES MOSAÏQUES DE LOVELL FRIEDMAN

Dans le cadre d'un projet du mouvement populaire Rock Girl visant à créer des « zones neutres » [*Safe Spaces*] pour certaines des communautés les plus défavorisées du Cap, Lovell Friedman a participé à la conception de bancs à Manenberg, Gugulethu et Khayelitsha, ainsi qu'à l'extérieur du *Cape Town International Convention Centre*. Avec le concours de sept membres de la communauté locale, qu'elle a formés, elle a également réalisé les mosaïques de l'hôpital de Mitchell's Plain.

En outre, Friedman a fait participer des enfants de l'école primaire de l'hôpital pour enfants de la Croix-Rouge de Rondebosch à la création des carreaux de faïence qui ornent la statue de Mère Courage, à l'extérieur des nouveaux bâtiments.

D'autres mosaïques de Friedman sont visibles le long du trottoir de l'arrêt de bus jouxtant le *Cape Town Stadium*.

LES OPTOMÉTRISTES MULLERS

14

104, Longmarket Street
• Horaires d'ouverture : du lundi au vendredi de 8h30 à 17h et le samedi de 9h à 13h

Les premiers optométristes d'Afrique du Sud

Au coin de Longmarket Street et de Parliament Street, un remarquable bâtiment noir et blanc de style Art déco constitue le siège de la société Mullers, qui fut la première à pratiquer l'optométrie en Afrique du Sud. Joseph Muller, arrivé d'Allemagne en 1890 à l'âge de 22 ans, est devenu le premier opticien qualifié du Cap. Depuis lors, son cabinet est demeuré une affaire familiale : de nos jours, son arrière-petit-fils, Peter Muller, perpétue la tradition, et la société Mullers comprend six succursales au Cap.

À l'origine, Joseph Muller combina les métiers d'optométriste, d'horloger et de bijoutier. C'est en 1920 que le siège de l'entreprise s'est installé dans les locaux qu'il occupe encore, dont la façade en ardoise et chrome fut conçue par Frank Spears : cet artiste anglais aux multiples talents a réalisé bien d'autres façades au Cap, parmi lesquelles celle de Mullers constitue probablement le plus bel exemple qui nous soit parvenu.

L'intérieur du cabinet a peu changé en un siècle, et abrite un petit musée consacré à l'histoire des soins oculaires au Cap, exposant notamment des photographies et d'anciens instruments. On y trouve également l'un des ascenseurs les plus anciens de la ville, ainsi que des horloges fabriquées par Joseph Muller, qui fonctionnent encore.

Joseph Muller fut le 79e praticien inscrit au registre de la British Optical Association, fondée en 1895. Son diplôme, signé par le premier président et secrétaire de l'association (la première au monde dans son genre), est également exposé, de même que des documents relatant l'évolution des soins ophtalmologiques en Afrique du Sud. Parmi les patients les plus éminents de Muller, on remarque les noms de Sir Joseph Milner, gouverneur de la colonie du Cap jusqu'en 1899, de Sir Walter Heley-Hutchinson, gouverneur général de celle du Natal jusqu'en 1901, ainsi que ceux de nombreux ministres et hommes politiques.

Situé à proximité du parlement, le siège de Mullers s'est trouvé au cœur de nombreux événements. Ainsi le grand-oncle de Peter Muller a-t-il dû défendre son magasin pendant la Première Guerre mondiale. Quant au bâtiment, il porte encore les traces des balles en caoutchouc tirées sur les manifestants pendant les années 1970-1980.

PAVÉS EN BOIS

15

Au coin de Adderley Street et de Spin Street, à proximité de la Groote Kerk

Des pavés en bois âgés de plus de 150 ans

En août 2010, l'aménagement d'une piste cyclable sur Adderley Street a permis de mettre au jour une portion de route constituée de pavés en bois, miraculeusement conservés sous le revêtement du trottoir.

Ces pavés, étroitement ajustés, datent de 1856, et constituent un rare vestige de la voirie du milieu du XIXe siècle : aussi la municipalité du Cap et les autorités chargées de la préservation du patrimoine de la ville (Heritage Western Cape) ont-elles décidé de conserver et de protéger une partie de l'ancienne voie, située à proximité de la Groote Kerk.

Pour mener à bien cette opération, la ville a fait appel à une équipe de spécialistes qui se sont chargés de restaurer une section de dix mètres de longueur sur un mètre de largeur. Dans un premier temps, les pavés ont été retirés et disposés, dans leur position d'origine, sur un plateau en bois qui a été entreposé en lieu sûr.

Lorsque les travaux de la piste cyclable furent presque achevés, un espace fut réservé aux anciens pavés, à proximité du lieu de leur découverte. Les blocs de bois ont alors été remis en place sur une couche de sable, et scellés entre eux au moyen d'un mélange de bitume et de sable. Enfin, une résine transparente a été appliquée sur l'ensemble de la surface, afin d'assurer sa protection.

À l'origine, les routes du Cap étaient constituées de terre battue, qui fut plus tard recouverte de pavés en pierre. À une époque ultérieure, ces pavés furent scellés avec du bitume, et parfois recouverts d'asphalte. Les pavés en bois étaient rares au Cap, et étaient généralement destinés à atténuer le bruit causé par les sabots des chevaux et le cerclage métallique des roues des véhicules hippomobiles.

À l'évidence, ce n'est pas par hasard qu'un pavement en bois a été installé à proximité de la Groote Kerk : Adderley Street constituait la rue la plus animée du Cap, et l'importance du trafic dans ce secteur devait générer un incessant vacarme.

On ne sait pas exactement quelle essence a été utilisée pour fabriquer ces pavés, mais l'on estime qu'il pourrait s'agir de jarrah (une variété d'eucalyptus), ou de débris récupérés à la suite de naufrages. Dans les villes d'Europe du Nord et d'Amérique du Nord, on employait généralement le pin norvégien pour réaliser des pavements semblables.

LES VESTIGES DES SEPT MARCHES DU DISTRICT SIX

16

District Six Museum, 25A, Buitenkant Street
• Tél. 021 466 7200
• E-mail : info@districtsix.co.za
• Horaires d'ouverture : du lundi au samedi de 9h à 16h

> **Un puissant symbole de diversité et de mixité sociale**

Anciennement situées à l'intersection de Hanover Street et de Horsburg Lane, qui ont toutes deux disparu, les « Sept Marches » (*Seven Steps*) constituaient à la fois un lieu de convivialité et un repaire pour les jeunes et les gangs du quartier. Hanover Street était alors l'artère principale de la communauté du District Six, que l'on comparait volontiers à Harlem.

Ce quartier avait été l'une des premières colonies d'esclaves affranchis, et rassemblait toutes les races et les croyances : à ce titre, le gouvernement de l'Apartheid y vit une menace qu'il s'employa à éliminer.

Aussi, en vertu du *Group Areas Act* (« Loi sur les zones réservées »), datant de 1950, les gens de races non-Blanches furent expulsés du centre-ville, de la fin des années 1960 aux années 1970. Et, à l'exception de quelques lieux de culte, presque tout le District Six a été rasé au bulldozer, y compris ses rues les plus anciennes.

L'endroit où les Sept Marches se trouvaient autrefois correspond à peu près à l'intersection de Tennant Street et de Keizersgracht, sur le campus de l'Université du Cap (CPUT). Mais rien n'y évoque plus l'histoire de cette époque.

Seul le *District Six Museum* a conservé la mémoire des *Seven Steps* : au deuxième étage du bâtiment, une alcôve contient deux dalles censées provenir du monument d'origine. Autour d'elles, une exposition de photographies et de peintures illustre la vie quotidienne de ce quartier disparu. Ces représentations d'une communauté animée, d'habitations familiales et de boutiques aux façades colorées, de linge séchant aux fenêtres, de tramways et de passants nonchalants rappellent ce que fut le District Six.

Les Sept Marches furent l'un des derniers monuments supprimés lors de la démolition du quartier. Deux d'entre elles auraient été sauvées et abritées dans une église voisine. Ce sont celles qui sont désormais exposées dans le musée, qui les a intégrées à son logo.

L'ÉGLISE RÉFORMÉE HOLLANDAISE DE TAFELBERG

17

Au coin de Buitenkant Street et de Commercial Street
• Tél. 021 461 2682
• Offices religieux : les dimanches à 9h30

Un orgue spectaculaire

À première vue, le bâtiment situé à l'angle de Buitenkant Street et de Commercial Street n'a rien d'une église : avec ses trois pignons, ses lucarnes et ses baies vitrées, il ressemble davantage à une grande maison coloniale qu'à un monument religieux. Pourtant, l'intérieur de l'édifice détrompe le visiteur, qui y découvre notamment un orgue d'une facture exceptionnelle.

L'édification de cet étonnant complexe date de 1892 : il comprend l'église, la *Cornelia House* et l'ancienne école William Frederick. Construit pour la Congrégation de Tafelberg par l'architecte H.J. Jones, il a été inauguré en 1893, et classé Monument national en 1984.

En pénétrant dans l'église par un raide escalier surmonté de baies vitrées et de gâbles aux volutes flamandes, on découvre successivement un étroit vestibule pavé de céramique représentant la Crucifixion et la trahison de Judas, un escalier en colimaçon en bois et, enfin, une galerie donnant sur une vaste pièce, haute de plafond et dotée de vitraux faits de carreaux aux couleurs vives. Son toit est soutenu par des poutres en bois et des solives ornées de motifs de trèfles. Quant à l'orgue, installé dès 1892, il comporte 1 164 tuyaux et un buffet en noyer (le mécanisme de l'instrument, cependant, n'est pas d'origine).

Durant les premières années de son existence, l'église réformée hollandaise de Tafelberg ne comportait qu'une salle dans laquelle un enseignement religieux était dispensé, la *Cornelia Saal*. Celle-ci faisait partie d'un complexe comprenant la construction adjacente (un refuge pour les femmes indigentes), ainsi que l'école William Frederick (fermée en 1907). L'ensemble de ces bâtiments avait été édifié à l'emplacement de l'ancienne maison de Susanna Maria Hertzog, qui l'avait léguée à l'église en mémoire de ses parents.

La cérémonie d'inauguration eut lieu le 27 janvier 1893, sous la présidence du Dr. J.J. Kotzé, du Dr. Andrew Murray et du Professeur Marais. L'honneur de déverrouiller la porte d'entrée revint à Cornelia Hertzog.

Bien que des services religieux aient été régulièrement célébrés dans l'église depuis sa fondation, la congrégation de Tafelberg n'a été fondée qu'en 1944, 47 ans après la mort de Cornelia. Le révérend J.D. Vorster, frère de l'ancien premier ministre et président de la République d'Afrique du Sud John Vorster, y fut pasteur de 1935 à sa mort, en 1982.

CONN.

L'ARBRE À POMPE

18

The Company's Garden, Queen Victoria Street
• Horaires d'ouverture : de 7h à 20h30 en été et de 7h à 19h en hiver

Une ancienne pompe enchâssée dans une souche

En arpentant la partie inférieure du *Company's Garden*, le curieux remarquera un puits en pierre dont la pompe à levier émerge d'une souche toute proche.

Comme le point d'eau auquel il est relié par un tuyau souterrain (en partie visible au fond du puits), cet appareil date de 1842. Le vieux chêne qui, au fil du temps, avait fini par inclure dans son tronc une partie de ce dispositif ayant été abattu par une tempête en 2015, la municipalité a décidé de conserver sa souche, ainsi que la pompe que le fût de l'arbre avait enserrée.

Le puits attenant n'a qu'une profondeur de 2,70 mètres. Il avait en effet été conçu à la manière d'un puisard : à intervalles réguliers, des couches de bois recouvertes de briques et de plaques de schiste permettaient à l'eau souterraine de s'y infiltrer.

Jusqu'aux années 1850, le jardin comptait d'autres puits, qui servaient, avec les légumes qui étaient cultivés alentour, au ravitaillement des navires. Cependant, au fur et à mesure que le service de distribution d'eau de la ville se modernisa, la plupart d'entre eux furent abandonnés et comblés.

L'ARBRE LE PLUS ANCIEN DU JARDIN

Le Company's Garden possède un spécimen de « poirier safran » qui constitue probablement l'arbre cultivé le plus ancien d'Afrique du Sud : il a été importé de Hollande il y a environ 350 ans. Bien qu'appartenant à la variété « Pyrus communis », cet arbre, qui porte de petits fruits, est appelé « poirier safran » en raison de la couleur de ses feuilles. Traditionnellement, elles étaient utilisées pour teindre la laine, ses fruits étant consommés comme condiment ou mis en conserves. Le tronc de l'arbre s'est effondré depuis longtemps. Cependant, quatre rejetons ont émergé des racines. Ces branches sont désormais soutenues par des tuteurs et des câbles métalliques, et sont protégées par une clôture. En août 2013, des boutures ont été prélevées pour préserver le matériel génétique de l'arbre. S'il venait à mourir, un clone pourrait être planté à sa place.

LE « CENTRE POUR LE LIVRE » 19

Centre for the Book, 62, Queen Victoria Street
• Tél. 021 423 2669
• E-mail: cbreception@nlsa.ac.za
• Horaires d'ouverture : du lundi au vendredi de 8h à 16h et le samedi de 8h à 13h

« *Une salle de lecture de l'époque édouardienne* »

Construit en 1913 pour abriter le siège de l'éphémère Université de Bonne-Espérance, le grand bâtiment édouardien où se trouve désormais le « Centre pour le Livre » a été classé Monument national en 1990. Plus récemment, il est devenu une annexe de la Bibliothèque nationale d'Afrique du Sud, et permet au visiteur de découvrir les talents littéraires locaux dans un cadre grandiose.

Les parois extérieures de l'édifice sont parées de grès finement sculpté. Quant à sa toiture en tuiles espagnoles de faïence verte, elle est surmontée d'un dôme en cuivre, lui-même couronné d'une coupole en teck. À l'intérieur, on découvre une vaste salle en demi-lune, dotée de pilastres, d'une lucarne et d'un grand lustre. Les rayonnages y ont été divisés en deux sections : la partie supérieure contient des ouvrages appartenant à la Bibliothèque nationale, et les étagères les plus basses présentent des œuvres d'auteurs sud-africains contemporains.

La mission principale du Centre est de promouvoir la lecture, l'écriture et la publication dans les différentes langues locales, en favorisant l'alphabétisation et l'accès aux livres. À cette fin, il édite régulièrement des brochures, dépliants et bulletins d'information, dont la plupart sont librement consultables. En outre, il facilite la réédition d'ouvrages considérés comme des classiques des langues indigènes d'Afrique du Sud.

Le Centre organise aussi des ateliers d'écriture, et renseigne les jeunes écrivains sur l'édition et la diffusion de leurs manuscrits. L'un de ses départements propose également aux enfants âgés de moins de sept ans plusieurs activités, en partenariat avec le *Ukuhamba Nabatwana Trust* : cette organisation leur offre la possibilité de lire des livres pour leur plaisir, d'écrire leurs propres histoires, de regarder des spectacles de marionnettes et d'écouter des récits de conteurs. Le Centre donne également des livres et des affiches aux écoles, aux bibliothèques et, d'une manière générale, aux organisations impliquées dans la promotion de la lecture. À ce jour, plus de 40 000 enfants, principalement dans les zones rurales, ont reçu huit livres chacun. En outre, le Centre a créé une bibliothèque spécialement dédiée aux plus jeunes dans la petite ville de Mount Ayliff, dans l'est de la province du Cap. Ainsi, peu à peu, le « Centre pour le Livre » donne-t-il à l'Afrique du Sud les moyens de se cultiver.

QUAGGA FOAL
EXTINCT

LA RÉSURRECTION DU QUAGGA

20

South African Museum, 25, Queen Victoria Street
• Horaires d'ouverture : tous les jours de 10h à 17h

Un poulain laisse espérer la recréation d'un zèbre disparu

Niché dans une pièce sombre du *South African Museum*, un poulain naturalisé d'une espèce appelée « quagga » (*Equus quagga quagga*) constitue l'un des seuls représentants de sa variété, qui peupla longtemps l'Afrique australe : il ne reste aujourd'hui que 23 spécimens empaillés de ce type de zèbre, aujourd'hui éteint. En ignorant sa présence, le visiteur peut facilement le manquer, puisqu'il lui faut presser un interrupteur pour éclairer la vitrine qui le contient pendant quelques secondes. C'est grâce à ce poulain, et à son étude par le spécialiste Reinhold Rau (1932-2006), que cette espèce disparue renaît peu à peu dans le désert du Karoo.

À l'arrivée des colons au Cap, les quaggas ont fait l'objet d'une chasse systématique, et nombre d'entre eux ont été envoyés dans des zoos européens. Cependant, le terme de « quagga » servait alors à désigner toutes les espèces de zèbres. Cela explique que son extinction à l'état sauvage en 1878 soit passée inaperçue. Enfin, quand une jument quagga mourut le 12 août 1883 au zoo d'Amsterdam, personne ne se rendit compte qu'elle était la dernière de son espèce. En effet, ce n'est que trois ans plus tard que la chasse au quagga a été interdite au Cap.

En 1969, Rau a été chargé de remonter les restes du poulain quagga du Musée. Il a alors découvert que de la chair était demeurée attachée à la peau de l'animal. Rau l'a conservée, et a informé la communauté scientifique de sa trouvaille. Les tests ADN n'existant pas à cette époque, ce n'est qu'en 1983 que Russell Higuchi, de l'Université de Californie, a demandé des échantillons de ces tissus.

Le quagga est ainsi devenu le premier animal disparu dont l'ADN ait été étudié. Les résultats furent étonnants : bien qu'on ait pensé, jusque-là, que le quagga avait constitué une espèce à part entière, il s'est avéré qu'il n'était qu'une sous-espèce de zèbre. Seul son pelage, qui ne comportait des zébrures que sur la partie avant du corps, le différenciait de ses cousins survivants.

À partir de 1987, Reinhold Rau s'est donc efforcé de ressusciter le quagga. Ainsi, neuf zèbres des plaines ressemblant à des quaggas ont été capturés dans le parc national d'Etosha et ont été élevés entre eux. En trois décennies, les progrès ont été significatifs, et il n'est pas impossible que cette espèce éteinte puisse, un jour, renaître grâce aux efforts de Rau.

LA FERME TAMBOERSKLOOF

21

Erf 81, à l'intersection de Leeuwenvoet Road et de Military Road
• Marché de produits issus de l'agriculture biologique tous les dimanches de 10h à 15h

« L'endroit le plus accueillant et le plus chaleureux du City Bowl »

Méconnue de la plupart des Captoniens, la ferme Tamboerskloof est difficile à décrire : à la fois monument national, atelier d'artiste, sanctuaire de grenouilles, espace vert, ferme urbaine et foyer d'accueil, elle constitue aussi l'endroit le plus accueillant de tout le City Bowl.

La « ferme d'André », comme l'appellent affectueusement ceux qui la connaissent, fut l'une des premières fermes du Cap. En 1891, les Britanniques y avaient installé une armurerie, qui desservait alors la batterie située au sommet de Signal Hill. Dans les années 1920, la propriété est devenue une base militaire. Elle a ensuite été abandonnée dans les années 1980 – jusqu'en 1995, lorsque l'artiste et fermier André Laubscher s'est proposé de devenir son gardien.

Initialement, Laubscher n'avait pas prévu de passer plus d'une année en ces lieux. Cependant, il y a découvert quatre espèces endémiques de crapauds et de grenouilles (y compris une micro-grenouille en voie de disparition), et a décidé de ne pas laisser les bulldozers décider de leurs destins. Malgré les avis d'expulsion, le manque de soutien du gouvernement et les offres des promoteurs immobiliers, André a réussi à préserver cette ferme et son domaine de 8,4 hectares depuis plus de 20 ans.

Attirés par l'altruisme et la générosité de Laubscher, les adultes, les enfants et les animaux ont été séduits par l'hospitalité du gardien des lieux et se sont installés dans le domaine. L'objectif actuel de Laubscher est de promouvoir le développement de fermes d'accueil comme la sienne : des parcs urbains où les enfants orphelins ou sans-abri sont pris en charge par des adultes, dans un contexte peuplé d'animaux.

La ferme d'André offre aussi des emplois aux plus défavorisés. *Tyisa Nabanye*, une organisation d'agriculture urbaine à but non lucratif (en xhosa, ces mots signifient « grandir ensemble »), y a créé des potagers biologiques, et y tient un marché de produits frais tous les dimanches.

L'ART À LA FERME

Étonnamment, entre les animaux et les enfants dont il ne cesse de s'occuper, Laubscher trouve le temps de peindre et de créer.

Au fil des années, la ferme a attiré de nombreux autres artistes qui y ont vécu et travaillé.

Dirk Winterbach y réside encore. Ses sculptures émouvantes, faites de métal recyclé et nichées dans un local sans fenêtre, représentent des extraterrestres aux traits presque humains : s'agit-t-il, pour lui, de l'expression d'un passé troublant, ou d'un futur inquiétant ?

LA CRYPTE DE VAN OUDTSHOORN

22

5, Faure Street
• Ouverte tous les jours pendant les heures de bureau
• Sonner à la porte pour demander l'accès

Le dernier vestige du domaine du baron van Oudtshoorn

Situé dans l'arrière-cour d'une maison de retraite, un tombeau isolé constitue le seul témoin de ce qui fut jadis une vaste propriété appartenant à la famille du baron Pieter van Rheede van Oudtshoorn tot Nederhorst (1714-1773). Arrivé au Cap en 1741, ce haut fonctionnaire devint l'année suivante vice-gouverneur de la Compagnie néerlandaise des Indes orientales (VOC) de la ville. En 1743, il reçut un magnifique domaine situé entre Hof Street et Kloof Street, qu'il nomma « les jardins d'Oudtshoorn ».

En 1791, son fils William Ferdinand, qui travaillait aussi pour la VOC, confia au célèbre architecte français Louis Michel Thibault la conception d'une splendide habitation sur Kloof Street, appelée Saasveld, dont les décorations furent réalisées par le fameux sculpteur Anton Anreith.

Depuis lors, ce grand domaine a été divisé en trois parcelles distinctes (dont

l'une est occupée par le luxueux Belmond Mount Nelson Hotel). La maison originale a été détruite en 1957 par l'église réformée hollandaise, qui souhaitait la remplacer par une auberge de jeunesse. Cependant, chaque brique a alors été numérotée et transportée à Franschhoek, où la bâtisse a été reconstruite. Depuis 1967, elle abrite le Huguenot Museum.

Dans la chapelle, également conçue par Thibault et devenue Monument national, se trouvent les restes du baron William Ferdinand van Reede van Oudtshoorn (1755-1822) et de ses épouses Susanna van Schoor (décédée en 1776) et Gezina Kirsten (disparue en 1817).

UN BARON MARINÉ

En 1766, le baron Pieter, retraité, était retourné en Europe. Cependant, après que le prince d'Orange l'eut nommé gouverneur du Cap, le baron prit place à bord du navire Asia, à destination du Cap, le 4 janvier 1773. Il tomba malade peu de temps après son départ, et mourut quelques jours plus tard, le 23 janvier.

Habituellement, les morts à bord d'un navire étaient confiés à la mer. Mais le baron fut placé dans un cercueil bordé de plomb, qu'il avait emporté avec lui. L'histoire raconte que le capitaine remplit ce cercueil d'eau-de-vie pour préserver le corps, car trois mois de navigation le séparaient encore du Cap. Le baron a été enterré dans la Groote Kerk le 17 avril. Lorsque l'église a été agrandie, sa pierre tombale a été retirée de sa position originale, dans le sol, et se trouve désormais sur le mur oriental du monument.

Enfin, la ville d'Oudsthoorn porte le nom du baron Pieter, bien qu'il n'y soit jamais allé : l'époux de la petite-fille du baron, Ernestina, était Egbertus Bergh, l'un des pères fondateurs de cette localité.

L'ARBRE UBUNTU

23

Ubuntu Wellness Centre, 99, Kloof Street
• www.ubuntushop.net
• www.facebook.com/UbuntuTree/

> **Un arbre réputé pour ses propriétés curatives**

Dans la cour du « Medi-Spa » de l'*Ubuntu Wellness Centre* se trouve un vénérable figuier banian, l'arbre Ubuntu, auquel certains prêtent des propriétés curatives. Ce spécimen, qui serait âgé de plus de 400 ans, est encadré par deux de ses semblables. Ils délimitent ce qui fut jadis le « Weltevreden Dam », un étang naturel alimenté par les cours d'eau descendant de la Montagne de la Table, connus sous le nom xhosa de *Camissa*.

Bien que les banians soient surtout sacrés chez les hindous et les bouddhistes, l'arbre Ubuntu attire des visiteurs d'autres horizons. Ainsi l'activiste massaï Miyere Ole Miyandazi y fit-il un pèlerinage lorsqu'il arriva au Cap après avoir marché depuis le Kenya, tout comme Credo Mutwa, le célèbre *sangoma* (guérisseur mystique et herboriste) zoulou. Quant au Dr. Masaru Emoto, chercheur japonais qui s'efforce de démontrer que la conscience humaine a un effet sur la structure moléculaire de l'eau, il s'est également attardé au pied de l'arbre et y a prélevé une goutte qu'il a congelée : la photographie de ce cristal est aujourd'hui exposée dans le Medi-Spa.

Cet arbre a été nommé *Unabantu Nokuphila* par les guérisseurs traditionnels locaux. En xhosa, cette expression signifie « lieu de la mère guérisseuse où les gens se rassemblent pour la santé et le bien-être. » Affectueusement désigné comme « l'arbre Ubuntu », ce végétal fait même l'objet d'une page sur Facebook.

AUTRES ARBRES REMARQUABLES DES ENVIRONS :

LA PLAQUE COMMÉMORATIVE DE L'ARBRE AUX ESCLAVES, DANS SPIN STREET

Sur le terre-plein qui fait face à Church Square, une plaque ronde indique le site de l'Arbre aux Esclaves (*Slave Tree*). C'est là que se trouvait le marché aux esclaves, dont les maîtres se rendaient à la Groote Kerk. L'esclavage a été aboli en 1834, mais le sapin qui marquait l'emplacement de ce marché n'a été enlevé qu'en 1916.

LE « POIRIER SAFRAN » DU *COMPANY'S GARDEN*

Le « poirier safran » du *Company's Garden* constitue probablement l'arbre cultivé le plus ancien du pays : il a été importé de Hollande il y a environ 350 ans. Cette variété de poirier porte de petits fruits. Traditionnellement, ses feuilles, de couleur safran, étaient utilisées pour teindre la laine, ses fruits étant consommés comme condiment ou mis en conserves. Le tronc de l'arbre s'est effondré il y a des années, mais quatre rejetons ont émergé des racines. Ces branches sont soutenues par des tuteurs et des câbles métalliques, et sont protégées par une clôture. En 2013, des boutures ont été prélevées pour préserver le matériel génétique de l'arbre.

A
C
D
I. The man on the extreme right is wearing the narrow hat-band.(A)
2. The man in the centre is wearing the shirt
3.The man top le
is wearing a
Guernsey frock(B)
Bottom right -
the jacket(E).
Clay pip
large nu

LES EFFETS PERSONNELS DE JOSHUA PENNY

24

Mountain Club of South Africa, 97, Hatfield Street
• Horaires d'ouverture : du lundi au vendredi de 10h à 14h

Les reliques du Robinson Crusoé du Cap

En 1892, un randonneur du *Mountain Club* pénétra dans une petite grotte, située près du sommet de Fountain Ravine, sur la Montagne de la Table. À l'intérieur se trouvaient des effets qui auraient appartenu à Joshua Penny, un déserteur qui s'était caché dans la montagne cent ans auparavant. Aussi, en 1957, lorsque le *Mountain Club of South Africa* a pu se procurer l'un des rares exemplaires des mémoires de Penny, une expédition fut organisée pour récupérer ces objets, qui sont désormais conservés au siège du Club, dans le quartier de Gardens. Deux petites vitrines y présentent les divers éléments qui témoignent du long séjour du déserteur dans cette grotte : fragments de tissu, boutons, pipes en terre, outils en silex et en métal, restes d'antilopes carbonisés, ossements de damans du Cap (un mammifère local de la taille d'un lièvre), ainsi que les vestiges du guernesey (pull en laine typique des marins) que Penny portait lorsqu'il s'est échappé.

L'histoire de Joshua Penny ne manque pas de sel : cet Américain, enrôlé de force dans la marine britannique, détestait les Anglais et ne songeait qu'à déserter. Lorsque le navire *HMS Sceptre*, sur lequel il servait, accosta au Cap à la mi-octobre 1799, Penny simulait une maladie depuis plusieurs mois… Alors qu'on le conduisait à l'hôpital militaire, il fit boire les deux hommes qui l'escortaient et s'enfuit aussitôt vers la Montagne de la Table.

Pendant 14 mois, ce jeune homme de 26 ans survécut caché dans sa petite grotte, se nourrissant de gibier et de bière à base de miel sauvage, en attendant que le HMS Sceptre quitte la baie. Lorsque Penny redescendit enfin au port, un seul navire, danois, y mouillait. Il apprit alors que le *Sceptre* avait fait naufrage à Woodstock Beach, lors d'une tempête survenue le 5 novembre 1799, quelques semaines seulement après sa désertion. La plupart des membres de l'équipage avaient trouvé la mort lors du drame.

C'est à bord de ce navire danois que Penny quitta le Cap. Il réussit à rentrer à New York, où il publia ses mémoires en 1815. Il y a raconté combien il avait apprécié ces mois de solitude dans la montagne, comme l'indique cet extrait : « Chaque nuit, [je] pouvais chanter ma chanson avec bonheur. Jamais la vie ne m'est apparue plus séduisante que parmi les animaux féroces de la Montagne de la Table. Car j'avais échappé à des êtres plus sauvages que ceux-ci : les Anglais. »

Hidden Treasures of Japanese Art

LES MINIATURES DE NETSUKE

25

South African Jewish Museum, 88, Hatfield Street
• Horaires d'ouverture : du dimanche au jeudi de 10h à 17h et le vendredi de 10h à 14h ; fermé le samedi et lors des fêtes juives
• Pièce d'identité requise

> ***Une des plus belles collections d'art miniature japonais***

Le sous-sol du South African Jewish Museum (« Musée juif d'Afrique du Sud ») renferme l'une des plus grandes collections d'art japonais miniature au monde.

Dans une petite pièce, plus de 200 sculptures et ornements de sabres sont présentés. Faites de bois, d'ivoire, de corne et d'os, ces œuvres sont si finement sculptées que des loupes et des brochures descriptives sont fournies aux visiteurs pour en découvrir chaque détail.

La moitié de l'exposition est composée de *netsuke* - des ornements portés par de riches marchands à l'époque des samouraïs. Le développement des *netsuke* remonte à la « fermeture du pays » (*sakoku*) instaurée lors de la période Edo en 1635 : préoccupé par le caractère ostentatoire que les marchands donnaient à leur richesse, le shogun avait alors interdit à toutes les classes autres que celle des samouraïs d'afficher leur aisance financière, sous peine de mort.

Cependant, les objets utilitaires échappaient à ce règlement. Puisque les kimonos n'avaient pas de poches, les Japonais portaient de petites boîtes (*inro*) ou des sachets (*obi*) accrochés à leurs vêtements par des cordelettes. Ces accessoires furent alors nommés *netsuke*. Il s'agissait pour les marchands d'afficher leur statut, et les artisans en firent rapidement de véritables œuvres d'art en miniature.

Isaac Kaplan, l'un des fondateurs du Musée, s'est intéressé à cet aspect de la culture japonaise grâce à l'un de ses amis, qui avait visité le Japon dans les années 1930. Kaplan a alors développé une passion pour l'art de la miniature japonaise, amassant quelque 613 de ces sculptures. Leurs sujets expriment toutes les facettes de la vie japonaise : l'histoire, la mythologie, la religion et l'humour populaire. D'un cerf hurlant à la lune à une bouilloire à thé se transformant en blaireau, ces objets, d'une incroyable finesse, ne cessent d'intriguer. L'un de ces *netsuke*, par exemple, s'ouvre pour révéler, d'un côté, un vieux couple balayant des aiguilles de pin et de l'autre une tortue millénaire (*minogame*) et une grue sous un pin. Ces scènes ne mesurent guère plus de 4 centimètres.

Kaplan lui-même n'a jamais visité le Japon. Bien qu'il se soit investi dans l'étude de l'art, de l'histoire et de la culture japonaises (il a même appris à lire et à écrire la langue de la période samouraï), il a toujours considéré que le Japon d'aujourd'hui ne pouvait que le décevoir.

LA POMPE DE HURLING

26

Au coin de Prince Street et de Sir George Grey Street

Un souvenir de l'époque où Le Cap manquait d'eau potable

Située au coin de Prince Street et de Sir George Grey Street, une petite construction, généralement ignorée des résidents de ce quartier aisé de la ville, constitue le seul vestige de la période au cours de laquelle le Cap devait faire face à d'importantes difficultés d'approvisionnement en eau.

Au début du XIXe siècle, les habitants de la ville dépendaient encore des fontaines publiques, implantées notamment sur Grand Parade et sur Greenmarket Square. La plupart des ménages aisés possédaient alors un esclave dont le rôle principal consistait à ravitailler en eau les logis de leurs maîtres. Ce système, cependant, engendrait deux inconvénients : l'esclave en question passait un temps considérable à aller et venir des maisons aux fontaines, et ces dernières, qui coulaient continuellement, entraînaient un important gaspillage d'eau potable - une ressource qui devenait de plus en plus rare.

Afin d'économiser cette eau, le gouverneur Sir John Cradock accorda en 1812 une subvention à la commission municipale du *Burgher Senate*. L'un des progrès les plus significatifs fut alors la construction de plusieurs pompes à levier (*swaaipompe*). L'eau, captée sur les pentes de la montagne au moyen de rigoles en bois et de tuyaux métalliques, se déversait dans des réservoirs, au-dessus desquels ces pompes, dotées d'une longue poignée en bois, permettaient aux esclaves de soutirer la quantité de liquide dont ils avaient besoin.

Ce système de pompe étant connu sous le nom de « *Hurling Swaai Pump* », son invention est parfois attribuée à Jan Frederick Hurling, un éminent colon suédois du Cap. Cependant, il semble plus probable que ce dispositif ait été ainsi nommé parce qu'il fut d'abord installé dans la ferme de Hurling, *Zorgvliet*, qu'il avait acquise en 1791.

L'édifice qui abrite la pompe a probablement été conçu par l'architecte le plus populaire de l'époque, Louis Michel Thibault, et le visage de bronze qui encadre la bouche de la fontaine a vraisemblablement été réalisé par son collaborateur Anton Anreith. Différentes hypothèses ont été formulées pour interpréter cette curieuse figure : elle pourrait représenter un lion, l'esprit des Eaux, voire symboliser le vent du nord-ouest qui apporte la pluie au Cap. Quant à l'ardoise qui la surmonte, elle aurait servi à consigner la quantité d'eau distribuée.

La pompe de Hurling a été classée Monument national en 1937.

LE *STADTSFONTEIN*

27

Homestead Park
Upper Orange Street

Les premières sources de la ville

En considérant que le Cap s'est développé exclusivement autour du Fort de Bonne-Espérance et du *Company's Garden*, on omet généralement l'importance d'un terrain situé dans le quartier de Oranjezicht : sans les treize sources qui y jaillissent, désignées collectivement sous le nom de *Stadtsfontein* (« fontaine de la ville ») et, en xhosa, de camissa (« lieu des eaux douces »), les premiers colons n'auraient pu disposer de l'eau potable indispensable à leur implantation.

Pendant plus de deux siècles, cette eau fut canalisée par un système appelé « leiwater », qui permettait d'irriguer le *Company's Garden*, de remplir les douves du Fort et, grâce à des canaux ouverts (appelés « *grachts* »), d'alimenter les réservoirs et les fontaines publiques. En 1719, la *Stadtsfontein* fut incluse dans le domaine de la ferme de Pieter van Breda, dont les vestiges demeurent visibles à Homestead Park. Enfin, au XIXe siècle, ces sources furent protégées par des structures construites par les Hollandais.

Quant aux canaux, ils ne devinrent souterrains qu'après l'épidémie de peste bubonique qui frappa le Cap en 1901. Cependant, à cette époque, les besoins

en eau de la ville dépassaient déjà les capacités de la *Stadtsfontein* : d'autres solutions furent alors mises en œuvre, notamment la construction de barrages sur la Montagne de la Table. La *Stadtsfontein* tomba alors dans l'oubli, au point d'être rayée du registre des ressources de la ville en 1990. Seuls quelques noms de rues, tels que Mill Street, Buitengracht et Heerengracht rappellent encore le rôle essentiel qu'elle a longtemps joué.

Pourtant, ces sources produisent encore plus de 3,5 millions de litres chaque jour. Et, bien qu'un peu de cette eau serve à l'irrigation du Green Point Park, la majeure partie se déverse directement dans la mer. Curieusement, alors que la municipalité du Cap craint une pénurie d'eau potable dans un proche avenir, aucun plan, parmi les dizaines de propositions qui ont été faites au cours de la dernière décennie, n'a envisagé d'utiliser cette ressource : aussi la *Stadtsfontein*, entourée de barbelés et défendue par une porte cadenassée, demeure-t-elle à l'abandon.

« NE DÉFÉQUEZ PAS DANS L'EAU »

La pureté de l'eau de la *Stadstfontein* fut à l'origine de la première loi sur l'environnement de la nation (*Placcaat* 12 de 1655), qui stipulait : *Niet boven de stroom van de spruitjie daer de schepen haer water wasensen des desseins troubel te maken* - ce que l'on résuma par la formule *Moenie in die water kak nie* (« Ne déféquez pas dans l'eau »).

LA CENTRALE HYDROÉLECTRIQUE DE MOLTENO

28

Au coin de Molteno Road et de Belvedere Avenue
• Bâtiment fermé au public (les rives du réservoir de Molteno sont toutefois accessibles)

« La première centrale électrique du Cap

Bien que les rues de Kimberley aient bénéficié de l'éclairage électrique dès 1882, ce n'est que plus d'une décennie plus tard, le 13 avril 1895, à 19h30, que la mairesse Smart a pu mettre en service les réverbères électriques du Cap. Plus tôt dans la journée, le maire George Smart avait inauguré la centrale qui les alimentait en brisant une bouteille de champagne contre l'une des turbines des *Graaff Electrical Lightning Works*, aménagées sur la rive du réservoir de Molteno : cette centrale était alors la première du Cap, et la première centrale hydroélectrique d'Afrique du Sud.

Selon l'écrivain et journaliste Lawrence G. Green, Sir David de Villiers Graaff, maire du Cap de 1891 à 1892 et député jusqu'en 1897, dut soutenir ce projet devant le Conseil municipal pendant de nombreuses années avant que l'éclairage public au gaz (mis en place dès l'ouverture des premières usines à gaz en 1845) ne soit remplacé par un système électrique. Aussi la centrale, avant de prendre le nom du réservoir voisin de Molteno, porta-t-elle d'abord celui de Graaff.

Les premiers câbles ont été posés en janvier 1894 et le réseau a été achevé en quinze mois : il comprenait 775 lampadaires alimentés par deux générateurs de 150 kW, qui couvraient l'ensemble de la ville et Three Anchor Bay. Le coût de la centrale, qui s'élevait à 75 000 £, avait été entièrement assumé par Graaff lui-même.

Le quotidien *Cape Argus* écrivit alors : « Le Cap est en avance sur de nombreuses villes en Grande-Bretagne en adoptant cette force mystérieuse, le fluide électrique. »

La centrale électrique a été fermée en 1920 et classée Monument national en 1993.

PRINCIPALES ÉTAPES DE L'ÉLECTRIFICATION DU CAP

1860 - Installation du premier système télégraphique électrique entre le Cap et Simon's Town.

1882 - L'éclairage électrique est installé au parlement et une lampe à arc est commandée pour servir de phare dans le port.

1891 - M. George Pigot Moodie installe un éclairage électrique privé à Rondebosch, qui alimente le premier réverbère électrique du Cap, à Rondebosch Fountain.

1895 - Inauguration des Graaff Electric Lighting Works.

1896 - Le premier service de tramway électrique relie Adderley Street à Mowbray.

1904 - La deuxième centrale électrique du Cap est ouverte sur Dock Road.

1923 - Création de la Commission d'Approvisionnement en Électricité (Eskom).

1966 - La Montagne de la Table est éclairée pour la première fois par des projecteurs pour marquer le cinquième anniversaire de la République.

Table Bay Harbour
Mouille Point
Granger Bay
Victoria Basin
Ben Schoeman Dock
Duncan Dock
Green Point
Stadium
Three Anchor Bay
Rocklands Bay
Main Road
High Level Road
Table Bay Blvd
New Market Street
Strand Street
Buitengracht St
Nelson Mandela Blvd
De Waal Drive
M6
M62
M3
N1
Sea Point
350 m
CITY BOWL
Boat Bay
Darwin's Rocks
Sea Point
Kloof Road
Saunders Rocks
Bantry Bay
De Waal Park
Lion's Head
669 m
Devil's Peak
1 000 m
North Paw
Clifton Bay
South Paw
Table Mountain
Camps Bay
Fountain Peak
1 051 m
Eastern Table
1 085 m
Bakoven Bay
Bakoven
Junction Peak
919 m
843 m
ATLANTIC OCEAN
Kirstenbosch Botanical Gardens
Koeëlbaai
Victoria Road
Table Mountain National Park
787 m
Klassenkop
742 m
Grootkop
851 m
Eagle's Nest
421 m
M63
M41
756 m
514 m
Llandudno
Llandudno Bay
Sunset Rocks
437 m
Valley Road
Hout Bay Main Road
540 m
Sandy Bay
Empire Ave
Victoria Ave
Hout Bay
Oude Schip
Constantiaberg
928 m
Karbonkelberg
594 m
Duikerpunt
Hout Bay
The Sentinel
330 m
Noordhoekpiek
689 m
Duikereiland
N
Vulcan Rock
Chapman's Peak
592 m
0
2
4 km
Chapman's Point
Noordhoek
1
2
3
4
5
6
6
7
8
9
10
11
12
13
14
15
16
17
18
18
19
20
21
22
23
24
25

LA CÔTE ATLANTIQUE

LA *SHIP SOCIETY*

1

Duncan Road, port du Cap
• En face du quai F
• www.shipsociety.co.za
• E-mails : philsh@telkomsa.net (Philip Short) ou brupa@telkomsa.net (Pauline Brueton)
• Réunions tous les jeudis à 19h, ouvert également le samedi après-midi

« La richesse du patrimoine marin de l'Afrique du Sud

La *Ship Society of South Africa* est une institution méconnue qui rassemble les passionnés de navigation. Chaque jeudi soir, elle organise, dans ses locaux de Duncan Dock, des réunions ouvertes à tous (notamment soirées mondaines, conférences et projections de films). Il est également possible de s'y rendre le samedi après-midi pour y découvrir une belle collection de maquettes de navires, divers objets liés à la navigation, ainsi qu'une riche médiathèque dont le contenu (livres, photographies, vidéos et journaux maritimes) est accessible au public.

La Société a pour objectif de promouvoir la richesse du patrimoine maritime de l'Afrique du Sud, en rappelant combien la navigation a contribué

au développement du pays.

Les années 1950 ont constitué l'âge d'or des paquebots. Surnommé « la Taverne des Mers », le Cap accueillait des navires du monde entier, et la foule se pressait alors sur ses quais pour photographier les bâtiments qui y faisaient étape. C'est en 1953 qu'un petit groupe d'enthousiastes a fondé la *Ship Society.* Ses premières réunions se tenaient dans la crypte de la cathédrale Saint-Georges, mais le nombre de ses adhérents, qui ne cessait d'augmenter, lui imposa de transférer son siège dans le bâtiment de la ligne maritime *Union-Castle Line*, dans le centre-ville.

En 1971, la Société déménagea à nouveau, s'installant provisoirement sur Thibault Square, avant d'obtenir de nouveaux locaux dans la Capitainerie du Port, située dans l'enceinte du Pierhead, sur le Victoria & Alfred (V & A) Waterfront. À cette époque, sa collection de maquettes, de photos et de vaisselle fut exposée dans la Tour de l'Horloge, toute proche.

Cependant, les travaux de rénovation du V & A Waterfront ont contraint la Société à se déplacer une fois encore. Le bâtiment qu'elle occupe actuellement, sur Duncan Dock, a été construit en 1942 pour abriter le quartier général de la marine de guerre (HMSAS Bonaventure, mieux connu sous l'abréviation de « Bon 1 »).

Après la Seconde Guerre mondiale, les structures de « Bon 1 » sont demeurées propriété de l'armée : à partir de 1955, elles furent occupées par l'administration chargée des batteries d'artillerie du *Coastal Command*. Le site a ensuite été confié à l'administration de la *South African Railways and Harbours*, et en 1990, la *Ship Society* s'y est installée.

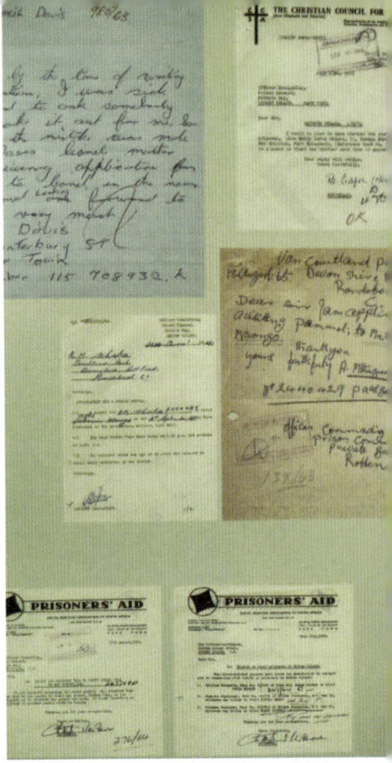
THE CHRISTIAN COUNCIL FOR
PRISONERS' AID
PRISONERS' AID

Robben Island General Infirmary

JETTY 1

2

Quay 5, V&A Waterfront
• Horaires d'ouverture : tous les jours de 7h à 17h30

Un sinistre souvenir de l'apartheid

Chaque année, des milliers de visiteurs empruntent le ferry du V & A Waterfront pour visiter Robben Island, où de nombreux prisonniers politiques et de droit commun furent détenus. Cependant, en quittant le centre d'exposition et d'information consacré à l'histoire de l'île, peu savent que l'embarcadère officiel, à l'époque où la prison était en activité, se trouvait dans un petit bâtiment situé sur la Jetty 1 (« Jetée 1 »). Pendant trois décennies, les condamnés, visiteurs, gardiens et membres du personnel de la prison ont tous transité par cette construction d'aspect insignifiant.

Désormais, l'ancien bâtiment de Jetty 1, classé Monument national, abrite un petit musée, généralement vide. Le visiteur peut notamment pénétrer dans l'une des anciennes cellules pour prendre place sur les paillasses des prisonniers, ou s'asseoir sur les bancs de la salle d'attente, dont les murs sont tapissés de copies de demandes de visites aux détenus. Les permis qui avaient alors été accordés (et qui se distinguent par une simple mention « OK », tracée hâtivement par les autorités) portaient les instructions suivantes : « Le bateau quitte les quais du Cap à 13h30 et revient à 16h00. Les enfants de moins de 16 ans ne sont pas autorisés à rendre visite à leurs proches sur l'île. »

Connue à l'origine sous le nom de « jetée est » (east jetty), Jetty 1 fut la première à être construite dans le bassin du port Victoria. Bien avant l'instauration de l'apartheid, elle était déjà étroitement associée à Robben Island, puisqu'elle a été édifiée par les prisonniers de l'île au XIXe siècle. Elle constituait déjà l'embarcadère officiel pour se rendre sur Robben Island, où les Britanniques avaient installé un établissement pénitentiaire et un hôpital.

Dès 1925, une partie de Jetty 1 fut exclusivement réservée aux allers-retours vers Robben Island (les bureaux officiels, toutefois, n'y furent construits qu'en 1957). Puis, en 1961, lorsque l'île fut déclarée prison de haute sécurité et confiée aux services pénitentiaires, Jetty 1 devint le seul embarcadère permettant d'y accéder. Le bâtiment original en tôle ondulée a été démoli dans les années 1970, et remplacé par la construction en briques que l'on peut aujourd'hui visiter. Bien que les derniers prisonniers politiques de l'île aient été libérés en 1991, des détenus de droit commun y sont demeurés jusqu'en 1996. Curieusement, le « V & A Waterfront » a ouvert ses portes en 1990 : pendant quelques années, ce luxueux centre commercial a donc cohabité avec l'annexe d'une prison de haute sécurité.

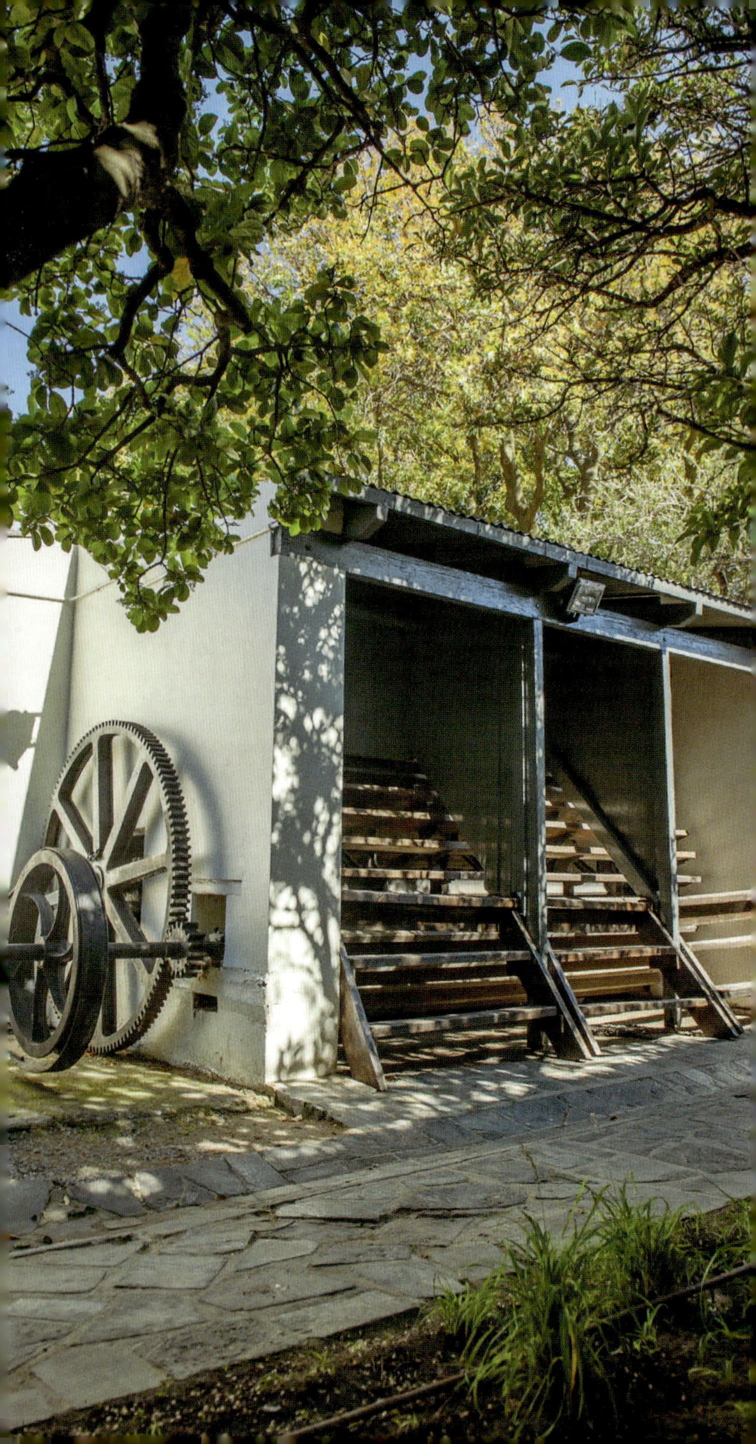

L'ESCALIER ROULANT DE LA « PRISON DE LA DIGUE »

3

UCT Graduate School of Business
Parking nord, Université du Cap, 8, Portswood Road
V&A Waterfront

« Un instrument de torture unique en Afrique subsaharienne

L'École de Commerce de l'Université du Cap occupe le site où se dressait autrefois la « Prison de la Digue » (Breakwater Prison). Quelques vestiges témoignent encore de la cruauté des punitions qui y étaient infligées aux détenus, notamment un terrible escalier roulant.

Cet instrument de torture, dont il n'existerait pas d'autre exemple en Afrique subsaharienne, était réservé aux fauteurs de troubles, que l'on condamnait à passer plusieurs heures, voire plusieurs jours, à souffrir sur ces marches de bois.

Pendant 55 minutes par heure, le détenu devait se suspendre à une barre située au-dessus de lui, tout en gravissant un escalier sans fin tournant sous ses pieds à un rythme régulier. S'il venait à lâcher prise, les marches, toujours en mouvement, frappaient violemment les tibias du malheureux.

À côté de ce sinistre escalier, une rangée de cellules d'isolement et deux cellules mortuaires ont été conservées, ainsi que le mur de la prison, qui porte encore des graffitis datant de la guerre des Boers. Quant au site de Gallows Hill, où les exécutions avaient lieu, il se trouve à moins d'un kilomètre de là, à l'emplacement actuel du Département de la Circulation du Cap.

La prison avait été bâtie au-dessus d'une carrière, d'où les condamnés extrayaient des blocs de pierre qu'ils hissaient jusqu'en haut de la colline dans des wagonnets, avant de les faire descendre par un tunnel situé près de Dock House. Ces blocs étaient alors mis en œuvre dans la construction de la digue du port.

Nombre de ces forçats étaient coupables de désertion : enrôlés de force dans la marine anglaise, ils n'avaient pu supporter la rudesse de la vie en mer.

Bien avant que Robben Island n'acquière sa triste réputation, il exista deux prisons dont les détenus travaillaient à l'édification de digues.

La première avait été bâtie en 1859, pour construire la jetée protégeant les bassins du port Victoria et Alfred. En 1885, les condamnés noirs et blancs s'y unirent pour déclencher une grève : les autorités décidèrent alors de séparer les deux races au sein de l'établissement.

Quant à la « Prison industrielle de la Digue » (Industrial Breakwater Prison, où se trouve aujourd'hui l'École de Commerce), elle a été construite en 1901. Réservée aux détenus de race blanche, elle comportait quatre tourelles crénelées encadrant une cour fermée, et n'a servi de bagne que pendant dix ans.

LE CANON ESCAMOTABLE

4

À côté du stade du Cap, sur une falaise faisant face à l'intersection de Beach Road et de Haul Road, Granger Bay
• Le Fort Wynyard est actuellement fermé au public, mais le canon est visible depuis Beach Road

Le seul canon escamotable de 9,2 pouces d'Afrique

En empruntant Beach Road en direction du V & A Waterfront, on distingue, dépassant d'une crête, le fût d'un canon dit « escamotable », dont très peu d'exemplaires ont été conservés jusqu'à nos jours (celui-ci est d'ailleurs unique en Afrique).

Dès le début du XIXe siècle, les Britanniques ont renforcé les défenses de la baie de la Table en y installant plusieurs postes d'artillerie. Parmi ceux-ci, un fort a été construit pour remplacer la batterie de *Kyk in de Pot* (« Regard dans le Pot », ainsi nommée car ses canons surplombaient un port baleinier et ses énormes pots de graisse), implantée par la VOC en 1795.

À partir de 1862, le site prit le nom de Fort Wynyard. Il fut ensuite équipé de nouvelles pièces d'artillerie, dont un canon escamotable de 9,2 pouces.

Fort Wynyard est demeuré actif durant les deux Guerres mondiales. Il abrite aujourd'hui le Quartier général régional de l'Artillerie du Cap, ainsi qu'un musée militaire (fermé au public).

Quant au canon escamotable, il a été déplacé à l'entrée du fort : son poids de 26 tonnes commençait à endommager son support en bois, et une réplique en fibre de verre a été installée à son emplacement d'origine.

QU'EST-CE QU'UN CANON ESCAMOTABLE

Mis au point au tournant des années 1860, le canon lourd à affût escamotable présentait l'avantage d'utiliser, après chaque tir, l'énergie du recul pour faire pivoter son support vers l'arrière et le faire descendre, grâce à un système de contrepoids, dans une fosse ou derrière un mur : l'emplacement du canon devenait alors difficile à repérer par l'ennemi (d'où son nom anglais de *disappearing gun*, « canon disparaissant »), et les tirs de riposte passaient généralement au-dessus du poste d'artillerie « escamoté ». De plus, son rechargement s'en trouvait grandement facilité, ce qui réduisait la fatigue des soldats.
Les canons escamotables présentaient cependant quelques inconvénients : leur angle de tir demeurait souvent limité, la fabrication de leurs affûts était particulièrement complexe et coûteuse et, surtout, ils étaient vulnérables aux attaques aériennes. Aussi l'Amirauté britannique, à partir 1912, considéra-t-elle cette conception comme « dépassée ».

LES VESTIGES DU PHARE DE MOUILLE POINT 5

Parking de l'École hôtelière du Cap (*Hotel School of the Cape Peninsula University of Technology*), 3, Beach Road, Mouille Point
• Accès : à pied, passer les barrières du parking et tourner à droite. La base du phare se trouve près de la terrasse du restaurant de l'école hôtelière

« *Un phare dangereux*

Achevé en 1842, Mouille Point Light fut le deuxième phare d'Afrique du Sud, et demeura en activité jusqu'en 1908, date à laquelle celui du port de la baie de la Table a été construit. Aujourd'hui, il n'en reste plus qu'une base de brique et d'ardoise, haute de quatre mètres, incluse dans le campus de l'École hôtelière du Cap. C'était également là que se trouvait jadis la batterie de Mouille Point.

Au début du XVIIIe siècle, les naufrages étaient si fréquents dans la baie de la Table que le gouverneur du Cap ordonna la construction d'une jetée (« *moeilje* » en néerlandais) pour protéger les navires.

Ainsi, à partir de 1743, tous les fermiers livrant des marchandises en ville furent contraints de charger leurs véhicules de pierres, et de les déposer à Mouille Point, où des esclaves et des forçats les assemblaient pour édifier la jetée. Cependant, après trois ans d'efforts, la construction n'avait guère avancé que de 100 mètres, et le projet fut abandonné. Lorsque les troupes françaises stationnèrent au Cap à partir de 1781 dans le cadre de l'alliance franco-hollandaise, elles édifièrent une batterie à proximité de la jetée inachevée, la « batterie de Mouille Point » (le mot « *moeilje* » étant francisé en « mouille », pour « mouillage »).

Construit sur le même site, le phare était une élégante structure, haute d'environ 11 mètres. Sa tour cylindrique, en briques recouvertes de plâtre, était peinte de bandes rouges et blanches. Elle était surmontée d'une galerie et d'une lanterne octogonale importée de Paris. Sous l'édifice, un bassin de quatre mètres de profondeur avait été creusé dans le rocher pour contenir le combustible, car la lampe dioptrique du phare consommait environ 3,32 m^3 d'huile de mouton par an.

Toutefois, cet éclairage, trop faible, se confondait avec les lumières du rivage, et nombre de navires se sont échoués sur les récifs de Mouille Point. Ce fut notamment le cas du RMS *Athens*, qui sombra au pied même du phare en 1865.

Le célèbre phare de Green Point, édifié à proximité du site de l'ancienne tour, est souvent confondu avec celui de Mouille Point. Ce dernier a pourtant été déclassé le 15 avril 1908, et démoli peu de temps plus tard.

L'ÉPAVE DU RMS *ATHENS*

6

- Une partie du bloc moteur du RMS *Athens* est visible au-dessus des vagues, en face de Mouille Point
- Parking à l'intersection de Beach Road et de Fritz Sonnenberg Road
- Un panneau situé à côté du parking présente d'utiles informations sur l'épave

La « grosse tempête » et le naufrage du RMS Athens

Le tragique naufrage du Royal Mail Ship (RMS) *Athens* se produisit dans la nuit du 17 mai 1865. Construit en 1856, ce navire de 739 tonnes et de 68 mètres de longueur, appartenant à la Union Line, assurait un service postal entre Southampton et le Cap depuis six ans. Deux jours avant le drame, le capitaine David Smith avait pris le commandement du vaisseau et de ses 30 membres d'équipage.

Alors que le RMS *Athens*, amarré dans la baie de la Table, se préparait à partir pour l'île Maurice, une terrible tempête s'abattit sur le Cap : sa violence fut telle que 19 bâtiments firent naufrage dans la baie. Lorsque la dernière amarre du RMS *Athens* se rompit, vers 18 heures, le capitaine Smith décida de gagner la haute mer, afin d'éviter que le navire, ballotté par la houle, ne soit précipité contre les récifs. Mais son moteur, dont la puissance n'était que de 130 cv, ne put contrer les éléments déchaînés autour de Mouille Point, et il est probable que ses chaudières furent inondées par d'énormes vagues, laissant le RMS *Athens* à la dérive. À 20 heures, le navire se fracassa sur les rochers. Les habitants de Green Point se rassemblèrent sur la plage avec des lumières, des cordes et des bouées de sauvetage, mais la violence de la tempête ne leur permit pas d'intervenir, et ils ne purent qu'entendre les cris de détresse des naufragés, qui cessèrent vers 21 h 30.

Le quotidien *Cape Argus* a publié le compte rendu d'un témoin, décrivant la scène à 22 heures : « Le navire se trouvait à 50 ou 70 mètres du rivage, écrasé contre les récifs par la force des vagues. La mer charriait des taies d'oreiller et des portes de cabines jusqu'à la plage, et il était évident que l'épave se disloquait entièrement. Aucun cadavre, cependant, ne fut découvert. Mais, en considérant la taille gigantesque des vagues, il semblait impossible qu'un seul de ces malheureux ait pu rejoindre la rive vivant. »

28 hommes sont morts dans les eaux glaciales de l'Atlantique cette nuit-là. Seuls les deuxième et troisième officiers échappèrent à ce sort, car la tempête ne leur avait pas permis d'embarquer à temps. De nos jours, tout ce qui demeure visible du RMS *Athens* est son bloc moteur, qui émerge partiellement à quelque 50 mètres de Mouille Point.

La seule créature qui survécut au naufrage fut un cochon, qui réussit à nager jusqu'au rivage.

LE « GRAND VLEI »

7

Green Point Urban Park
• Accès : le lac se trouve sur le côté oriental du chemin séparant le Biodiversity Garden du parcours de golf
• Tous les jours du lever au coucher du soleil

Le site des anciennes régates de Green Point Common

Dans le Green Point Urban Park, un joli lac, récemment aménagé entre le parc et le parcours de golf, rappelle le grand étang qui se trouvait là au XIXe siècle.

À l'origine, celui-ci n'était qu'un petit lac saisonnier et peu profond (*vlei* en afrikaans). On y organisait des régates qui connurent un vif succès : en 1887, le *Green Point Amateur Boat and Canoe Club* y a été fondé par de jeunes amateurs puis, en 1889, la municipalité a approfondi et étendu l'étang en élevant ses berges et en y dirigeant les eaux pluviales. Le « Grand Vlei » est ainsi devenu un lac de près de 2 kilomètres de circonférence et de 2 mètres de profondeur.

Chaque année, la « Journée de la Régate » s'y tenait au début de septembre. Pour l'occasion, les membres du club revêtaient des uniformes constitués de pantalons de toile blanche, de vestes bleues et de casquettes portant l'insigne du club. Leurs dériveurs étaient construits dans l'atelier des frères Juritz, à Three Anchor Bay.

Cependant, lors de la seconde guerre des Boers (1899-1902), Green Point Common fut occupé par les troupes anglaises, qui y installèrent un camp de prisonniers. Le vlei fut alors comblé, car on craignait que son eau stagnante présente un risque sanitaire.

LE « DOMAINE COMMUNAL » DU CAP

Dès l'établissement de la colonie du Cap en 1652, *De vlakte genaamdt de Groene Punt* constitua un espace public consacré aux loisirs. Au XVIIIe siècle, Green Point Common était désigné par les Hollandais sous le nom de *De Waterplaats* (« l'Estran »), et s'étendait de Three Anchor Bay à la ville. En 1862, le premier match de rugby d'Afrique du Sud y a opposé des officiers de l'armée à une équipe de fonctionnaires locaux.

En 1900, les golfeurs ont persuadé les autorités de mettre des terrains à leur disposition pour y aménager un parcours. Bien qu'il ait subi quelques modifications depuis cette époque, ce golf occupe encore une partie importante du domaine.

Par ailleurs, des courses hippiques ont été régulièrement organisées à Green Point Common. Le bâtiment qui abrite aujourd'hui le restaurant McDonalds était alors la tribune des spectateurs, qui prenaient également place sur les pentes de Signal Hill. C'est aussi dans le domaine communal que les premiers matchs de cricket du Cap ont été disputés. D'autres sports, notamment le cyclisme, ont été assidûment pratiqués à Green Point.

RANDONNÉES EN KAYAK À THREE ANCHOR BAY

8

• Location et vente de kayaks chez Kaskazi : 179, Beach Road (à la station-service)
• Tél. 083 346 1146 • www.kayak.co.za
• Excursions d'une journée proposées

> *Quelques-uns des plus beaux panoramas du Cap*

Three Anchor Bay constitue le point de départ idéal pour une excursion en kayak longeant la côte de la baie de la Table : que l'on se dirige vers le nord, en contournant Green Point jusqu'à Granger Bay, ou vers le sud en direction de Clifton Beach, chaque itinéraire offre quelques-uns des panoramas les plus spectaculaires du Cap.

Tout en pagayant, on découvre également une faune abondante, tant en mer que sur les rochers. Les oiseaux (notamment différentes espèces de cormorans nicheurs, des mouettes, des hirondelles de mer et des fous de Bassan, ainsi que, à l'occasion, des manchots du Cap) y vivent nombreux, et il n'est pas rare que les phoques et les dauphins accompagnent les kayaks. Avec un peu de chance, il est même possible de croiser la route de baleines à bosse, particulièrement en hiver et au printemps.

LE SUICIDE D'INGRID JONKER

Aux premières heures du 19 juillet 1965, la poète Ingrid Jonker, âgée de 31 ans, s'est donné la mort en se noyant à Three Anchor Bay.

Bien que Jonker ait composé ses poèmes en afrikaans, son œuvre a fait l'objet de nombreuses traductions. Sa sensibilité et son esprit progressiste, proche de celui du groupe d'écrivains *Die Sestigers*, qui défiait l'esprit conservateur, ont fait d'elle une icône littéraire pour une nouvelle génération de Sud-Africains, qui la considère comme « la Sylvia Plath d'Afrique du Sud ».

Ingrid s'était farouchement opposée aux lois sur la censure, ce qui engendra un drame familial qui l'affecta profondément. En effet, le président de la commission parlementaire chargée de ces lois n'était autre que son propre père qui, pour éviter le scandale, la renia publiquement. Elle mena une vie tumultueuse, émaillée de nombreuses aventures amoureuses, notamment avec les écrivains André Brink et Jack Cope. Contrainte d'avorter à la suite de l'une de ces liaisons, elle souffrit d'une dépression si profonde qu'elle se fit interner à l'hôpital psychiatrique de Valkenberg en 1961. En 1963, un nouveau recueil de ses poèmes reçut le prix littéraire de la presse africaans.

Cependant, en 1965, Ingrid souffrait d'une autre dépression et abusait des médicaments et de l'alcool. Peu avant sa mort, elle fut témoin de l'assassinat d'un bébé noir dans les bras de sa mère. Nelson Mandela a lu son poème *Die Kind Wat Doodgeskiet is Deur Soldate by Nyanga* (« L'enfant qui a été abattu par des soldats à Nyanga ») lors de l'ouverture du premier parlement démocratiquement élu en Afrique du Sud, en 1994.

LES STATUES DE CHEVAUX BLANCS DE THREE ANCHOR BAY

9

Sur la pelouse jouxtant la promenade pavée longeant la mer à Sea Point, près de l'intersection de Beach Road et de Glengariff Road

Un souvenir d'enfant devenu œuvre d'art

En parcourant la promenade de Sea Point, cinq chevaux en aluminium blanc, disposés dans l'herbe de manière aléatoire, attirent le regard. Érigée le 16 juin 2011, cette curieuse œuvre d'art est l'œuvre du sculpteur Kevin Brand.

Elle s'inspire d'une expérience vécue par Brand, alors qu'il arpentait la promenade à l'âge de 12 ans. Au cours de la tempête du 1er juillet 1966, le navire *SS South African Seafarer* fit naufrage à quelque 50 mètres du phare de Green Point. Bien que ses 63 membres d'équipage et ses 12 passagers aient été secourus par des hélicoptères de l'armée, le bateau sombra avec sa cargaison.

Dans ses cales se trouvaient notamment des caisses de whisky de la marque « White Horse », chaque bouteille portant un petit cheval en plastique attaché autour de son col. Lorsque ces flacons se brisèrent sur les rochers, la mer commença à déposer sur la plage les figurines de chevaux, que Brand se fit une joie de ramasser pendant les semaines qui suivirent la tempête.

L'artiste a matérialisé ce souvenir de son enfance sous la forme de cinq chevaux blancs, chacun étant traversé par une vuvuzela (longue trompe, extrêmement bruyante, prisée de nos jours par les supporters de football) en aluminium dépassant de la bouche et de la queue de l'animal. Des tuyaux souterrains relient les chevaux entre eux : les passants peuvent ainsi parler ou souffler dans une extrémité d'une vuvuzela et les sons produits sont diffusés jusqu'à l'autre extrémité de l'œuvre. Selon Brand, ce dispositif a pour vocation de rappeler les tubes acoustiques utilisés par les capitaines de navires pour transmettre leurs ordres à l'équipage.

Les chevaux sont fixés sur des bases en béton inclinées différemment, suggérant la manière dont les figurines en plastique s'étaient échouées sur la plage. L'observateur attentif remarquera que l'artiste a gravé, sous chaque statue, les noms des femmes importantes de sa vie. Il a également inscrit ses initiales et « 2010 » sur les selles des chevaux.

Cette œuvre est conçue pour résister aux éléments, et Brand a souhaité que le public puisse s'y divertir : chaque jour, de nombreux enfants s'y précipitent pour crier dans les vuvuzelas.

LES ROCHERS DE CHARLES DARWIN

10

Parking à l'extrémité sud de Queens Beach, près de l'intersection de Beach Road et de Alexander Road, à Sea Point
• En se penchant au bord de la promenade de Sea Point, on aperçoit les différentes strates rocheuses, qui se distinguent par leurs couleurs
• Sur la promenade de Sea Point, une plaque présente l'histoire du site

Une formation rocheuse repérée par Charles Darwin à Sea Point

À l'extrémité sud de Queens Beach se trouve une intéressante formation rocheuse qui a retenu l'attention de Charles Darwin en 1836, alors qu'il parcourait le monde à bord du navire HMS *Beagle*.

Selon le naturaliste, les rochers de Sea Point (qu'il appela par erreur « Green Point ») constituaient un exemple unique de contact entre des roches sédimentaires et ignées.

Ces strates, qui se distinguent par leurs couleurs, avaient déjà été remarquées par Clarke Abel en 1818. Elles révèlent qu'il y a environ 540 millions d'années, du granit en fusion s'est introduit dans la siltite métamorphisée, plus sombre, du groupe de Malmesbury. Bien que ce phénomène se soit produit à une grande profondeur, une érosion prolongée a fini par exposer le granit, formant un socle sur lequel les roches sédimentaires plus jeunes du groupe de la Montagne de la Table se sont déposées. Ces observations ont largement contribué à notre connaissance de la géologie.

Les conclusions qu'en tira Darwin, après son retour en Angleterre, furent le fruit de huit années de recherches et d'échanges scientifiques.

Cette formation rocheuse a été classée Monument historique en 1953, et une plaque de bronze a été installée par le Conseil des Monuments nationaux à Sea Point : commémorant le passage de Darwin, elle présentait également une représentation du HMS *Beagle*, ainsi que des citations extraites des travaux de l'auteur de *De l'origine des espèces*. En 2010, cette plaque a été volée, sans doute en raison de la valeur du métal dont elle était faite. La municipalité l'a alors remplacée par un panneau en matière synthétique, décrivant les particularités géologiques du site. Mais, depuis lors, cette nouvelle plaque a également été vandalisée.

> « Il faut donc examiner par soi-même ces énormes entassements de couches superposées, (...) contempler les vagues rongeant les antiques falaises, pour se faire quelque notion de la durée des périodes écoulées, dont les monuments nous environnent de toutes parts. »
> Ch. Darwin, *De l'Origine des espèces*, 1859 [trad. Barbier, 1896]

LA GROTTE DE WALLY

11

Lion's Head
• Accès : se garer à l'entrée de la piste, sur Signal Hill Road

Un point de vue unique sur la Montagne de la Table

Bien que des centaines de personnes gravissent chaque semaine le pic de Lion's Head, fort peu d'entre elles connaissent le petit chemin qui s'écarte de la piste principale, juste avant le site de décollage des parapentes. Celui-ci conduit à une grotte aussi spectaculaire que méconnue, qui, contrairement au sommet de Lion's Head, est généralement vide.

Cette cavité porte le nom de Wally Struthers, un scout demeuré célèbre, qui gravissait encore la Montagne de la Table quatre fois par semaine à l'âge de 73 ans (il mourut à 103 ans). Wally utilisait cette grotte pour y entreposer sa réserve d'eau.

Pour atteindre le site, suivez la piste principale sur environ 500 mètres, et recherchez, sur votre droite, un sentier envahi par la végétation. Gravissez-le jusqu'à ce que vous atteigniez un gros rocher, qui abritait autrefois le campement d'un piquet d'incendie. Poursuivez votre ascension sur 50 ou 60 mètres : le chemin bifurque alors vers la gauche, en direction de la mer, et s'aplanit. Continuez jusqu'à ce que le sentier tourne vers la droite : après ce virage, vous apercevrez la grotte, située juste au-dessus de vous.

Cette petite randonnée dure environ 30 à 40 minutes, mais elle exige une bonne condition physique, car la majeure partie du sentier est très abrupte. Aussi convient-il de ne s'y risquer que par beau temps car, dans des conditions humides ou brumeuses, certains passages peuvent s'avérer dangereux.

Toutefois, la grotte offre un point de vue qui vous récompensera de vos efforts. Elle constitue également un endroit très agréable pour un pique-nique (assurez-vous cependant de n'y laisser aucune trace de votre passage).

AUX ALENTOURS :

LA GROTTE DU GUETTEUR

Beaucoup plus facile d'accès que celle de Wally, la grotte du Guetteur se trouve juste au-dessus de la piste principale de Lion's Head, surplombant Signal Hill et Robben Island. Elle serait un ancien site sacré, utilisé par les guérisseurs (à midi, au solstice d'hiver, la lumière du soleil vient frapper un point précis de la grotte). Cette promenade dure environ 20 minutes.

ROUNDHOUSE

12

Round House Road (à côté de Kloof Road)
Camps Bay
• Tél. 021 438 4347

« Une romance secrète au pavillon de chasse ?

Implantée sur un versant du pic de Lion's Head, la Roundhouse est une élégante bâtisse qui, au fil du temps, a rempli plusieurs fonctions. C'est cependant à l'époque où elle constituait le pavillon de chasse de Lord Charles Somerset qu'une étrange affaire s'y déroula.

En 1786, le site fut d'abord occupé par un poste de garde de la VOC : offrant une vue imprenable sur l'Atlantique, il faisait partie du dispositif protégeant le Cap d'un débarquement ennemi.

Puis, le Cap étant passé sous domination britannique, Lord Charles Somerset, gouverneur de la ville de 1814 à 1827, s'est approprié l'ancienne structure militaire, qu'il a rénovée et agrandie, la transformant en pavillon de chasse.

Célèbre pour son extravagance, Somerset a également fait ajouter une véranda autour de la bâtisse, et y a fait installer des fenêtres françaises à la mode. La Roundhouse comportait alors un salon, un hall, trois chambres, une cuisine et trois autres pièces au rez-de-chaussée, ainsi que des logements pour les esclaves. Ainsi, après une journée de chasse aux léopards et aux antilopes, Somerset et ses invités pouvaient-ils se détendre dans cet opulent pavillon.

Après le départ de Somerset en 1827, la Roundhouse fut occupée par différents établissements (Kloof Road ayant été construite en 1848, Camps Bay était devenu plus facilement accessible aux Captoniens) : à partir du milieu du XIXe siècle, elle abrita successivement un salon de thé, une salle de danse, un hôtel et un restaurant (toujours en activité).

Parmi les nombreuses légendes concernant ce bâtiment, la plus curieuse est certainement celle du docteur James Barry, qui fut le médecin de Somerset, et surtout l'un de ses meilleurs amis : Barry passait tant de temps à la Roundhouse que l'on soupçonna alors une relation homosexuelle entre le praticien et son patient. En dépit de sa voix aiguë et de son apparence étrange, Barry fut un brillant chirurgien, qui aurait notamment pratiqué la première césarienne en Afrique. Cependant, l'aspect le plus surprenant du médecin n'a été découvert qu'après sa mort, en 1865 : on constata alors qu'il s'agissait, en réalité, d'une femme. Depuis lors, Barry a été surnommée la « dame du manoir », et l'on raconte que son âme hanterait encore les lieux. Certains prétendent même avoir vu son fantôme errer dans les environs.

LA ROTONDE

13

69 Victoria Road (à l'arrière du Bay Hotel)
Camps Bay
• Tél. 021 430 4444

La « grande dame » de Camps Bay

Flanquée de grands palmiers, la Rotonde (*Rotunda*) est une majestueuse structure circulaire coiffée d'un dôme. Construite en 1904 comme annexe d'un hôtel, cette salle haute de plafond dispose d'un grand lustre et d'une scène surélevée. Elle sert aujourd'hui de cadre à divers événements mondains, notamment à des mariages, des défilés de mode et des fêtes d'entreprises.

L'histoire de la Rotonde, qui fait désormais partie du complexe du Bay Hotel, remonte à 1901, lorsque le maire de Camps Bay, James Riddell Farquhar, a conçu le projet de transformer la baie, jusqu'alors peu animée, en un lieu de villégiature. Farquhar souhaitait créer un « petit Brighton », et c'est à lui que l'on doit notamment la fameuse rangée de palmiers qui longe la plage de Camps Bay. La construction de la Rotonde s'inscrivit dans ce programme, dont l'objectif était d'attirer une clientèle huppée.

La Rotonde a d'abord servi de salle de concert, puis, au fil des décennies, est devenue salle de bal, théâtre, salle d'exposition, patinoire et lieu de culte. On y organisa même des matches de boxe.

Suzanne Krige se souvient avec émotion de ses soirées dansantes à la Rotonde pendant la Seconde Guerre mondiale : « Quand j'étais étudiante, nous nous rendions de la banlieue sud à Camps Bay le samedi soir. Sur la scène, l'orchestre jouait les morceaux à la mode, en particulier ceux de Glen Miller. C'était tout simplement magique. »

Dans les années 1950, la Rotonde échappa de peu à la destruction : des promoteurs immobiliers, les frères Satz, avaient acquis le bâtiment et se proposaient de le remplacer par un immeuble de sept étages. Cependant, le Conseil municipal du Cap fut sensible à la mobilisation des habitants contre ce projet : les promoteurs furent alors expropriés, les bâtiments de plus de trois étages furent interdits à Camps Bay, et les constructions modernes de la société SA Breweries, qui jouxtaient la Rotonde, furent rasées. Enfin, la Rotonde fut classée Monument national en 1974.

BETA BEACH

14

Bakoven
• Parking sur Beta Close, près de Beta Road, Bakoven
• Accès : emprunter le chemin descendant vers la plage

« Une plage discrète et de merveilleux fonds marins

La petite banlieue aisée de Bakoven (« four de cuisson » en néerlandais) doit probablement son nom à un rocher émergeant des eaux, dont la forme évoque celle d'un four à bois traditionnel.

Presque inexistante au moment des grandes marées printanières, Bakoven Beach (aussi appelée Beta Beach) est une minuscule bande de sable blanc, cernée de blocs de granit et d'une poignée de chalets. Relativement protégée du southeaster (un vent violent qui souffle sur le Cap du printemps à la fin de l'été), elle constitue un endroit tranquille pour les bains de soleil et les randonnées en kayak. On peut y admirer à loisir la chaîne montagneuse des Douze Apôtres, et, à la tombée du jour, s'installer sur les rochers situés à l'ouest de la plage pour apprécier la beauté des couchers de soleil.

À Beta Beach, les fonds sous-marins révèlent d'autres merveilles, accessibles avec un équipement rudimentaire (combinaison de plongée, masque et tuba). Quant aux plongeurs munis de bouteilles, ils apprécieront particulièrement les alentours de Bakoven Rock. Les endroits les plus propices pour entrer dans l'eau sont la rampe en béton utilisée par les bateaux de sauvetage et la crique située à l'ouest de la plage.

Les zones les moins profondes présentent un fond rocheux tapissé de varech, qui, lorsqu'on s'éloigne de la côte, fait place à un sable de quartz blanc offrant une grande visibilité. La vie y est abondante, et l'endroit est idéal pour découvrir et photographier toutes sortes d'invertébrés, qui se concentrent sur les rochers et dans leurs anfractuosités.

La houle d'ouest pouvant être forte, il est préférable de plonger pendant ou après les vents soufflant du sud-est, ou par mer calme. Habituellement, l'été constitue la période la plus favorable.

SITES DE PLONGÉE DES ENVIRONS :

À moins de 2 kilomètres au nord de Bakoven, et à 100 mètres au large, Clifton Rock désigne un ensemble de gros rochers où la vie marine se concentre : on y remarque notamment des nudibranches, des étoiles de mer, des éponges et divers crustacés.

Un autre site intéressant se trouve à 3 kilomètres au sud-ouest de Bakoven, à Oudekraal. Le récif de Coral Gardens est constitué d'un amoncellement de blocs de granit, dépassant de la surface de l'eau. Ces rochers forment un paysage sous-marin chaotique, fait de surplombs, de failles, de tunnels et de petites grottes. L'endroit est réputé pour son « corail noble » (*Allopora nobilis*).

LA PLAGE AU SOMMET DE LA MONTAGNE DE LA TABLE

15

Départ des Jardins botaniques de Kirstenbosch
• Tous les jours de 8h à 18h
• Prévoir au moins 4 heures pour cette randonnée

« Une plage de sable blanc dans un lieu inattendu

Bien que le Cap soit célèbre pour ses plages de sable blanc, l'une d'entre elles n'est accessible qu'aux visiteurs les plus motivés. Elle se trouve en effet au sommet de la Montagne de la Table, et ne peut être atteinte qu'au prix d'une difficile randonnée. Naturellement, nombreux sont ceux qui, parvenus au terme de l'ascension de Skeleton Gorge, s'interrogent sur l'origine de cette étendue de sable si haut perchée.

En réalité, cette plage est artificielle. Elle n'a cependant pas été créée volontairement, mais résulte des phénomènes engendrés par la construction de barrages sur le plateau de la Montagne à la fin du XIXe siècle (voir double page suivante) : elle se situe à l'extrémité de l'immense barrage Hely-Hutchinson, qui peut contenir près d'un milliard de litres d'eau.

Le grès de la Montagne de la Table (qui constitue également la roche prédominante sur la péninsule du Cap) présente généralement une couleur grise, et cette roche est considérée comme extrêmement résistante aux intempéries. Toutefois, le curieux remarquera que l'eau contenue par le barrage est de couleur orange clair. Cet aspect, rappelant celui du thé, est dû à l'action des tanins, qui s'infiltrent dans l'eau à partir du « fynbos » (formation végétale naturelle caractéristique de la province du Cap-Occidental). Au fil du temps, l'acidité de ces tanins a blanchi les roches submergées par le barrage, et les a fragilisées.

Aussi, lorsque le niveau d'eau du barrage baisse et que le fameux southeaster (un vent violent qui souffle sur le Cap du printemps à la fin de l'été) le balaie, le grès continue-t-il de s'éroder, formant un sable blanc et fin, qui vient s'accumuler dans cette zone abritée du plateau. Il a fallu plus de cent ans pour que ces dunes se forment : la plage de la Montagne de la Table constitue donc la plage artificielle la plus ancienne et la plus longue du monde.

Pour vous y rendre, empruntez le chemin de Skeleton Gorge, qui commence dans les Jardins botaniques de Kirstenbosch. Pour redescendre, il est possible de revenir sur vos pas, ou de marcher le long du barrage et de tourner à gauche, sur le sentier de Nursery Ravine, qui aboutit également à Kirstenbosch. Ce parcours sans difficultés vous conduira, au-delà du barrage Woodhead, à Kasteelspoort, où vous pourrez découvrir les restes de l'ancien téléphérique et profiter d'un superbe point de vue sur Camps Bay.

LES VESTIGES DU TÉLÉPHÉRIQUE DE KASTEELSPOORT

16

Au sommet de Kasteelspoort Ravine, Parc national de la Montagne de la Table
• Accessible du lever au coucher du soleil

L'emplacement du premier téléphérique de la Montagne de la Table

Pour se rendre au sommet de la Montagne de la Table, certains choisissent la randonnée, et d'autres le téléphérique moderne. Cependant, fort peu de ces visiteurs savent que Kasteelspoort fut le terminus du premier téléphérique de la Montagne, et que les vestiges de son ancienne station sont encore visibles. Pour les découvrir, en arrivant au sommet du Kasteelspoort Ravine, prenez à droite au niveau du panneau indiquant le chemin des Douze Apôtres et du Corridor Ravine. Quelques minutes plus tard, tournez encore à droite, sur un sentier menant à l'extrémité nord de Postern Buttress. Sur le bord de la falaise, une grande plate-forme de béton comporte encore les points d'ancrage métalliques de l'ancien téléphérique.

Ces vestiges constituent l'un des derniers témoignages du travail titanesque entrepris en ces lieux à partir de la fin du XIXe siècle. En effet, jusqu'à la fin des années 1880, le Cap s'approvisionnait en eau en canalisant le flux des rivières

descendant de la Montagne de la Table. L'accroissement des besoins de la ville, toutefois, rendit nécessaire la construction de barrages. Ceux-ci furent édifiés entre 1890 et 1907. Kasteelspoort permettant un accès commode aux chantiers, de longues files de porteurs s'y rendaient donc quotidiennement.

Pour faciliter le transport de l'équipement et des matériaux, le téléphérique y a été construit en 1893. Fonctionnant grâce à une machine à vapeur, il reliait un point situé au-dessus de Camps Bay à la station de Kasteelspoort, 650 mètres plus haut. Grâce au téléphérique, une petite ville s'est formée au sommet de la Montagne, dotée d'une banque, d'un bureau de poste et d'une boutique. Le premier barrage, Woodhead Reservoir, a été achevé en 1898. Plus tard, trois autres barrages furent construits de l'autre côté de la Montagne. Leurs chantiers étaient desservis par la ligne de trolley Wynberg, dont aucune trace ne subsiste.

L'UN DES PANORAMAS LES PLUS SPECTACULAIRES DE LA MONTAGNE

Près des restes des points d'ancrage du téléphérique, un emplacement appelé *diving board rock* (« plongeoir rocheux ») offre aux photographes l'un des points de vue les plus spectaculaires de la Montagne.

AUX ALENTOURS :

LE WATERWORKS MUSEUM

Non loin du mur du Hely-Hutchinson Reservoir (accessible uniquement aux randonneurs), un petit bâtiment abrite du matériel et des souvenirs relatifs à la construction des barrages, notamment une petite locomotive à vapeur. Celle-ci servait à transporter les matériaux sur une voie ferrée longue de 2,6 kilomètres, reliant la station de Kasteelspoort aux chantiers. Une partie de cette locomotive a été acheminée grâce au téléphérique, mais sa chaudière a dû être hissée sur un traîneau en bois : l'opération a duré deux semaines. Le musée est fermé, mais il est possible de prendre rendez-vous pour une visite en téléphonant au 021 686 3408, et en indiquant la date et l'heure de votre arrivée.

TRANQUILITY CRACKS

17

Parc national de la Montagne de la Table
Coordonnées GPS : S33o58.811 ; E18o23.012
• Accessible du lever au coucher du soleil
• Prévoir une journée complète (six à sept heures) pour cette randonnée
• Se munir d'un chapeau, de crème solaire et d'une veste chaude (quelle que soit la température) ; emporter également suffisamment de nourriture et beaucoup d'eau

« Un site particulièrement difficile à découvrir »

Au sommet des pics des Douze Apôtres, au-dessus de Camps Bay, de profondes fissures dans le grès de la Montagne de la Table forment un labyrinthe naturel de couloirs rocheux dont la profondeur peut atteindre 5 mètres.

L'existence de ce site spectaculaire, appelé *Tranquility Cracks* (« Fissures de la Tranquillité »), fut longtemps tenue secrète par l'élite des randonneurs locaux. Bien que l'on sache désormais qu'il existe, ce lieu est si bien caché par la nature qu'il demeure extrêmement ardu d'en repérer l'entrée : même en utilisant un GPS, il est facile de la dépasser sans l'apercevoir. Aussi les randonneurs qui y parviennent ont-ils de grandes chances de n'y croiser personne.

Le moyen le plus commode de s'y rendre est de commencer votre randonnée sur le chemin de Pipe Track, accessible depuis le parking situé en haut de Kloof Nek Road. Après environ 40 minutes de marche, bifurquez vers la gauche et prenez le chemin balisé de Kasteelspoort. Au sommet de cette montée, tournez à droite en direction de Corridor Ravine.

Continuez à marcher pendant 20 minutes environ le long du sentier, jusqu'à ce qu'il commence à monter. Quelques mètres après le sommet de cette pente, essayez de découvrir le petit cairn et le sentier qui s'amorce sur votre droite, rendu presque invisible par la végétation (si vous atteignez Slangolie Ravine, vous êtes allé trop loin). Efforcez-vous alors de progresser dans ce chemin jusqu'au bord de la montagne : sur votre droite, vous apercevrez un éperon rocheux. En scrutant minutieusement les alentours, vous aurez peut-être la chance de repérer le tronc noueux d'un conifère local, (yellowwood, Afrocarpus), qui masque la fissure donnant accès aux Tranquility Cracks.

En vous y aventurant, vous découvrirez un espace herbeux d'où partent les différents couloirs rocheux. Ce site, offrant une vue sur les Douze Apôtres, sur le pic de Lion's Head et, en contrebas, sur Camps Bay, est idéal pour un pique-nique.

Pour un itinéraire de retour différent, après avoir quitté Tranquility Cracks, tournez à droite lorsque vous reprenez le chemin principal et continuez en vous éloignant du Cap. Descendez ensuite par Corridor Ravine, et vous retrouverez le chemin de Pipe Track quelques kilomètres plus loin. Gardez-vous cependant de descendre par Woody Ravine, qui s'ouvre juste avant Corridor Ravine, car cette voie est particulièrement dangereuse.

RANDONNÉE DANS LA PÉNINSULE D'OUDESCHIP

18

Départ du petit parking sur Sunset Avenue, Llandudno
• Prévoir 3 à 4 heures de marche
• Ne pas partir seul et ne pas se séparer de son groupe (vols fréquents)

Une péninsule cernée d'épaves

La plupart des Captoniens étant assez pudiques, la seule plage naturiste des environs, Sandy Bay, n'attire pas les foules, d'autant que l'eau y est glaciale. Il n'est toutefois pas nécessaire de se dévêtir pour la traverser, et se lancer dans une randonnée au parcours aussi spectaculaire que méconnu.

À partir du parking de Sandy Bay à Llandudno, suivez le chemin menant à la plage, puis traversez l'étendue sableuse jusqu'à l'étroit sentier qui, sur votre gauche, mène à un épais bosquet. En ne vous éloignant pas de la mer, vous trouverez le chemin conduisant, au-delà des rochers, à la péninsule d'Oudeschip. Tout en marchant, prêtez attention aux phoques et aux baleines, qui ne sont pas rares dans ces parages.

Après une heure de promenade, vous parviendrez sur la péninsule et découvrirez une première épave, celle du Harvest Capella (1986). Par marée haute, il vous faudra patauger dans l'eau glacée pour l'atteindre. Mieux vaut

donc planifier votre randonnée pour y arriver à marée basse, afin de pouvoir explorer les restes du navire sans vous mouiller. De plus, ce site est idéal pour un pique-nique.

De la péninsule, vous distinguerez facilement la deuxième épave visible sur cette partie du littoral : celle du Bos 400 (1994), une barge-grue française qui a perdu sa corde de remorquage et s'est échouée dans la baie Maori au cours d'une tempête hivernale.

Cette baie porte le nom d'une autre épave : le 5 août 1909, à 1 heure du matin, le SS Maori, transportant 2 300 tonnes de rails, d'explosifs, de vin et de champagne, a heurté un récif au large de Duiker Point. Son naufrage a coûté la vie à 32 personnes. Les restes bien conservés du navire reposent à une profondeur de 13 mètres environ. Bien qu'ils ne soient pas visibles par les randonneurs, ils attirent de nombreux plongeurs.

Pour quitter Oudeschip, vous pouvez revenir sur vos pas, ou emprunter un chemin, assez raide, menant à un ancien poste de surveillance. Cette cabane, construite en 1913 pour stocker de l'équipement de sauvetage en cas de naufrage, est désormais abandonnée. De là, vous pouvez tourner à droite et marcher une heure encore vers Maori Bay, ou suivre le chemin et bifurquer vers la gauche sur une route gravillonnée. En parvenant à Sandy Bay Nek, prenez à nouveau à gauche pour retrouver Sandy Bay, où vous pourrez vous rafraîchir dans le plus simple appareil.

LA TABLE FANTÔME DE KRONENDAL

19

Restaurant Kitima
140, Main Road, Hout Bay
• Horaires d'ouverture : du mardi au samedi pour le dîner, et le dimanche pour le déjeuner
• Tél. 021 790 8004

« Un restaurant thaïlandais dans une ferme hantée

En dînant au restaurant Kitima, le visiteur ne manque pas d'apprécier la beauté de l'ancien bâtiment, ainsi que son élégante décoration, la qualité de ses plats et la diligence de son service. Un détail, toutefois, peut le surprendre : une table a été dressée pour deux personnes, décorée de fleurs fraîches et de bougies allumées. Et, bien que les verres à vin soient remplis et que les assiettes soient pleines, personne n'occupe cette table.

Cette ancienne tradition, toujours perpétuée de nos jours, s'inspire de la légende de la ferme de Kronendal, dans laquelle le restaurant s'est installé : depuis plus de 170 ans, de nombreux articles ont été publiés sur le fantôme de Kronendal. Cette triste histoire remonte à 1840, époque à laquelle le bâtiment appartenait à la famille Cloete.

On raconte que la fille du général Abraham Josias Cloete, Elsa, était tombée amoureuse d'un jeune soldat de la garnison de Hout Bay. Cependant, son père lui ayant interdit de fréquenter le jeune homme, les amants ne purent que se faire signe : Elsa se postait alors à une fenêtre du dernier étage de la ferme, sous le pignon, tandis que son amant se tenait de l'autre côté de la route. Désespéré, le soldat aurait fini par se pendre à l'un des chênes bordant l'avenue. Quant à Elsa, elle serait morte de chagrin peu de temps après le drame.

Depuis cette époque, de nombreux phénomènes inexpliqués ont été rapportés, notamment des pots suspendus aux murs qui se décrocheraient sans raison apparente, et des lampes qui s'éteindraient spontanément. On aurait également aperçu la silhouette d'une jeune femme dans l'escalier ou regardant par la fenêtre. Dans la rue, un homme aurait été repéré, se tenant debout parmi les chênes après le coucher du soleil, le regard tourné vers le haut du bâtiment. Depuis les années 1970, au moins cinq observations du fantôme d'Elsa ont été relatées par les journaux locaux. Aussi chaque soir, en signe de respect pour cette légende, le personnel du restaurant dresse-t-il une table immaculée et sert-il un repas pour Elsa et son amant.

Établie à la fin du XVIIe siècle, Kronendal fut la première ferme de Hout Bay (elle fut agrandie vers 1800 par Johannes van Helsdingen). Avec son plan en forme de « H » et sa rare façade hollandaise à goulot (*halsgewel*), elle constitue l'une des dernières maisons de ce type au Cap. Elle a été classée Monument national en 1960.

LE CHÂTEAU DE LICHTENSTEIN

20

Sur les pentes de Karbonkelberg, à l'ouest de Hout Bay
• Domaine privé, les visites ne sont pas autorisées

> **Un fragment d'Allemagne méridionale au Cap**

Lichtenstein Castle constitue une réplique en briques d'un château allemand proche de Stuttgart, qui fut inauguré en 1842 (cette forteresse d'inspirations romantique et néo-gothique avait été édifiée sur les ruines d'une structure plus ancienne). Son pendant de Hout Bay demeure le bâtiment le plus élevé de Karbonkelberg, et n'est accessible que par une route fermée au public.

Ce château est doté de façades à pignons, de tourelles crénelées et d'une tour de dix étages. Il offre une vue imprenable sur la baie et sur Chapman's Peak. À l'intérieur de l'édifice, des vitraux représentent des dragons, et des piliers ornés de scènes de la vie paysanne allemande soutiennent les plafonds. Il s'y trouve également un escalier en colimaçon, menant à une suite somptueuse installée dans la tour.

Pendant les années 1980 et 1990, les habitants de Hout Bay, intrigués, n'ont cessé de s'intéresser à la construction de cet édifice, qui dura onze ans. Les rumeurs allaient alors bon train : on supposa que son propriétaire, un aristocrate allemand, s'était installé en ces lieux à la suite d'une déception amoureuse. Bien qu'inachevé, le Château déchaîna alors les adolescents du voisinage, qui s'y rendirent avec des chats noirs et des bougies, et tracèrent des graffitis sur les murs de la bâtisse.

Ce château a été conçu par Reynier Fritz, un riche publicitaire qui avait vu l'original en Allemagne et avait rêvé de le recréer au Cap. Fritz mourut peu de temps après l'achèvement de sa demeure, ce qui contribua à l'aura mystérieuse de ce château. Un récit apocryphe affirme qu'il se serait tué en tombant dans les escaliers et, de nos jours, on raconte que son fantôme hanterait toujours les lieux.

Peu de temps après la mort de Fritz, sa veuve a vendu la propriété. En 1998, le Château fut ainsi transformé en une luxueuse maison d'hôtes, dotée de 12 chambres, dont la décoration reproduisait celle du château original de Stuttgart.

La bâtisse dispose également d'une bibliothèque, d'une piscine, d'un héliport et d'une cascade, sur les 8,6 hectares de son domaine. Le hall principal, avec son plafond voûté en bois, comporte des armures, d'anciens tableaux, des meubles anciens et une table en chêne pouvant accueillir 24 convives.

En 2012, le Château a été acquis par des investisseurs russes, pour une somme estimée à 23 millions de rands. Il est devenu une maison de vacances privée.

LE SITE DE SURF DE DUNGEONS

21

Au large de Sentinal Peak, Hout Bay
• Visible en bateau en partant du port de Hout Bay, ou de la côte (se garer dans la banlieue de Hangberg et s'installer sur la pente occidentale du Karbonkelberg)
• La « grosse vague » ne se présente que quelques jours par an

Les plus grosses vagues d'Afrique

Dungeons représente un site mythique pour les amateurs de sensations fortes : à l'occasion, de gigantesques vagues viennent frapper un pic monolithique dominant Hout Bay, au large de Sentinel Peak. Leur puissance fait généralement fuir tous les surfeurs, à l'exception des plus expérimentés et des plus téméraires d'entre eux. Le 30 juillet 2006, au cours d'une séance demeurée légendaire, quelques-unes de ces têtes brûlées y ont affronté des vagues hautes de plus de 18 mètres, battant ainsi le record d'Afrique de l'époque.

Ce site capricieux connaît généralement ses plus grandes vagues lors des tempêtes hivernales. Seule une poignée de surfeurs s'y risque, soit de manière traditionnelle (en ramant avec les mains), soit en se faisant tracter par des jet-skis.

Pour avoir la chance d'assister à ce spectacle, il est nécessaire de suivre assidûment les bulletins météorologiques, et de consulter régulièrement les sites www.wavescape.co.za et www.windguru.cz : lorsqu'on y annonce des vagues de plus de cinq mètres combinées à une période de houle de plus de 15 secondes, les conditions sont idéales.

Afin de profiter au mieux des exploits des surfeurs, il est possible de prendre place sur l'un des bateaux chargés de photographes qui partent du port de Hout Bay pour s'approcher des vagues. On peut également s'installer sur la pente du Karbonkelberg (avec une paire de jumelles).

Les vagues de Dungeons ont été surfées pour la première fois en 1984 par Peter Button et Pierre de Villiers, qui ont traversé pour cela la passe de Shark Alley, célèbre pour sa population de grands requins blancs. Dans les années 1990, un autre duo, Cass Collier et Ian Armstrong, s'est fait déposer sur le site par des pêcheurs locaux. Puis, à partir de 1999, le concours « *Red Bull Big Wave Africa Contest* », qui s'est tenu pendant dix ans, a largement contribué à faire connaître le site.

Dans des conditions idéales, sans vent, avec une houle de plus de 5 mètres et une période de plus de 20 secondes, Dungeons devient spectaculaire : des masses d'eau de 775 mètres de longueur s'approchent de la côte à la vitesse de 35 mètres par seconde (126 km/h), et peuvent s'élever à 10 mètres de hauteur avant de commencer à déferler.

LE PONTON DU MANGANÈSE

22

Ponton de chargement de minerai de manganèse
Flora Bay, Hout Bay

Un vestige de l'exploitation minière du Constantiaberg

En remontant Chapman's Peak Drive depuis Hout Bay, on remarque, en contrebas, les restes d'un ponton en béton et acier, habituellement peuplés de cormorans qui se sèchent au soleil. Ces structures, situées à 400 mètres au sud de la plage de Hout Bay, sont les vestiges les plus visibles de l'ancienne mine de manganèse du Constantiaberg.

La mine se trouvait sur la pente de la montagne, à l'aplomb de l'extrémité orientale de la plage de Hout Bay. Elle était reliée au ponton de chargement par une goulotte longue de 700 mètres. Au bas de la pente, le minerai était transféré à la main dans des wagonnets qui étaient poussés sur une petite voie ferrée jusqu'au ponton. Le manganèse était ensuite chargé sur des barges qui l'acheminaient jusqu'aux navires ancrés dans la baie. Le minerai n'était pas traité au Cap, mais expédié en Europe, où il servait à la production de chlore et d'alliages métalliques. L'existence de cette ressource au Cap est mentionnée pour la première fois en 1676, lorsque le fils de Jan van Riebeeck, Abraham, inspecta un site « près de Hout Bay ».

Le manganèse ferrugineux (une combinaison de manganèse et d'oxydes de fer) fut le seul minerai de valeur exploité dans la baie. Bien que quatre gisements aient été repérés dans le secteur, trois d'entre eux n'ont été que prospectés : ceux-ci se trouvaient à Bokkemanskloof (dans le ravin surplombant Oakhurst Farm), Constantia Nek (à mi-chemin entre le Nek et le Constantiaberg) et Klein Koppie (sur le versant nord-ouest du Constantiaberg). Seul le site connu sous le nom de « Hout Bay Mine », au-dessus de Flora Bay, a été activement exploité.

D'après les sources disponibles, la première tentative d'extraction de manganèse date de la fin du XIXe siècle : une société avait été créée en 1880 pour exploiter ces gisements, mais son activité ne dura guère. Ce n'est qu'en 1909, lorsque les difficultés posées par la configuration du site purent être surmontées, que l'exploitation minière semble avoir repris. Le manganèse était alors expédié en Belgique.

Peu de documents permettent de connaître la quantité de minerai extraite par la *Hout Bay Manganese Company* : à peine sait-on qu'en janvier 1911, la mine a produit quelque 130 tonnes de manganèse. L'activité minière, cependant, fut rapidement abandonnée à Hout Bay, et la société qui exploitait le gisement a définitivement fermé ses portes en mai 1911.

LE FORT DE L'EST

23

Hout Bay
• Accès : les ruines du fortin se trouvent sur Chapman's Peak Drive, du côté de la montagne, à moins d'1 kilomètre au sud de la plage de Hout Bay

> **Une époque à laquelle Hout Bay était d'une grande importance stratégique pour Le Cap**

Après avoir garé votre voiture à côté de la casemate située au-dessus de Chapman's Peak Drive, descendez jusqu'à la batterie de canons et au magasin à poudre qui se trouvent de l'autre côté de la chaussée. Ce complexe défensif date d'une époque à laquelle Hout Bay était d'une grande importance stratégique pour le Cap.

Les premiers colons hollandais avaient compris que cette baie abritée pouvait protéger les bateaux ancrés au Cap, lorsque le vent rendait la baie de la Table dangereuse. De plus, les administrations néerlandaises (et plus tard britanniques) n'ont pas manqué de remarquer que la baie pouvait être utilisée comme point de débarquement par des forces ennemies.

Ainsi, dès la fin du XVIIIe siècle, plusieurs fortifications ont-elles été construites dans ce secteur : les premières furent installées au pied du Hangberg, et les suivantes sur le côté oriental de la baie, au-dessous de Chapman's Peak. Le fortin initial a été édifié après 1775, lorsque la France et les Pays-Bas ont soutenu l'indépendance des colonies d'Amérique et déclaré la guerre à l'Angleterre. La garnison était alors composée de troupes de Khoïkhoï cantonnées à la ferme de Kronendal, renforcées par un régiment français de Pondichéry constitué principalement de cipayes indiens commandés par un expatrié irlandais, le comte Thomas Conway.

Après 1781, une puissante batterie, dotée de canons de gros calibre, a été installée au Fort de l'Est. Certains de ces canons, qui ont conservé les marques de la VOC, sont toujours en place, et font encore feu lors de grandes occasions.

En 1796, au cours de la première occupation britannique, le corps des Royal Engineers y a ajouté un fortin en pierre de trois étages. Le rez-de-chaussée abritait un magasin et des citernes, tandis qu'un escalier extérieur en bois conduisait au poste de commandement du deuxième étage et au quartier des officiers. Des galeries en bois entouraient le dernier niveau du bâtiment. Les troupes étaient alors cantonnées dans de grandes casernes en pierre, construites plus haut dans la montagne, et un poste de garde flanqué d'une guérite défendait l'entrée de l'ancienne route. On remarque également, en face du fortin, les restes d'un bâtiment qui abritait la cuisine.

En 1804, les fortifications ont été restaurées, et sont demeurées en service jusqu'en 1827. Le site a été classé Monument national en 1936.

LE HAMAC DU TINTSWALO ATLANTIC

24

• Accès : en remontant Chapman's Peak Drive depuis Hout Bay, l'embranchement vers Tintswalo Atlantic se trouve sur la droite, juste avant le péage ; se garer sur le parking, d'où une navette conduit à l'hôtel
• Tél. 021 201 0025
• E-mail : reception@atlantic.tintswalo.com

> ***Le hamac le plus enchanteur du Cap***

Installé sur une superbe plage privée au pied de Chapman's Peak, un hamac unique au Cap constitue un endroit idéal pour se délasser pendant la saison estivale. Son caractère insolite, ainsi que le cadre grandiose qui l'environne, en font également un lieu privilégié pour les demandes en mariage : dans ces occasions, l'hôtel attenant fournit un tapis et du champagne aux amoureux.

Ce hamac se situe dans le domaine du Tintswalo Atlantic (anciennement le Koeël Bay Youth Centre), un hôtel cinq étoiles implanté sur la côte orientale de Hout Bay, dans le parc national de la Montagne de la Table.

L'établissement a été réduit en cendres en mars 2015, lors d'un terrible incendie qui a ravagé une partie de la Montagne (les poteaux servant à suspendre le hamac font partie des rares éléments qui ont alors échappé aux flammes). Cependant, l'hôtel a été rapidement reconstruit, et a rouvert ses portes en novembre 2015. Pour profiter de son cadre exceptionnel, il n'est pas nécessaire d'y louer une chambre, car le Tintswalo Atlantic est ouvert au public pour les déjeuners et les dîners.

Le hamac a été conçu par le gérant du domaine, qui a récupéré de gros troncs d'arbres échoués sur la plage lors d'une tempête. Ceux-ci ont été plantés sur la minuscule plage de Koeël Bay et sont devenus les poteaux du hamac (koeël signifie « boulet de canon » en afrikaans et en néerlandais, en référence au fort voisin datant du XVIIIe siècle). Ce lieu est particulièrement propice à la détente, mais il constitue également un site idéal pour observer les animaux marins de Hout Bay : vous y apercevrez probablement des baleines, des dauphins et des phoques - voire, avec beaucoup de chance, des loutres à joues blanches du Cap. Par marée haute, les eaux de l'Atlantique viennent glisser sous votre perchoir.

Il est également possible de s'y baigner (bien que l'océan soit glacial à cet endroit), et de partir à la découverte des rochers environnants : cette petite baie se trouvant dans un parc national, ils sont couverts de moules, de patelles et même d'ormeaux (ou « oreilles de mer »).

Du hamac, le coucher du soleil, derrière le promontoire rocheux du Sentinel, offre un spectacle féerique. À l'horizon, les vagues s'écrasent sur les récifs de Tafelberg et de Dungeons, dégageant des panaches d'embruns, et une brume marine vient souvent conférer à la scène un caractère fantomatique.

LA GROTTE SECRÈTE

25

Chapman's Peak Drive
• Accès : se garer au belvédère, franchir les barrières et emprunter un sentier, sur la gauche, qui semble disparaître au bord de la falaise. La grotte se trouve à 30 mètres sous le belvédère

Pique-nique sur un point de contact géologique

En contrebas du belvédère de Chapman's Peak Drive, une grotte méconnue offre l'une des plus belles vues du Cap. Cette cavité se trouve juste à l'aplomb d'une intéressante « ligne de contact » géologique, que l'on distingue aisément par la couleur des roches (ocres et rouges au-dessus et grises au-dessous).

L'endroit est idéal pour un pique-nique, et pour contempler le coucher de soleil, qui disparaît dans l'Atlantique au-delà du promontoire rocheux du Sentinel. Le site permet également d'apercevoir des baleines, des dauphins, ainsi que les bateaux de pêche sortant du port de Hout Bay.

Chapman's Peak Drive constitue l'une des routes les plus spectaculaires d'Afrique du Sud. Le flanc ouest du Constantiaberg, presque vertical, plonge abruptement sur des centaines de mètres jusqu'à l'Atlantique. Cette route perpendiculaire à la falaise relie Hout Bay à Noordhoek. Son aménagement, entre 1915 et 1922, a été considéré à l'époque comme un véritable exploit de l'ingénierie.

La partie supérieure de Chapman's Peak est constituée d'une couche plane de roches sédimentaires, âgées d'un peu moins de 520 millions d'années, apparentées au grès de la Montagne de la Table. La base de la Montagne, cependant, se compose de granit du Cap, datant de plus de 540 millions d'années. Les deux formations se rencontrent ici d'une manière singulière, célèbre parmi les géologues du monde entier.

Le long de Chapman's Peak Drive, on distingue deux couvertures végétales distinctes, qui sont considérées comme menacées. Ces deux types de « fynbos » correspondent aux deux principales formations géologiques : celle du grès de la Péninsule (au-dessus), et celle du granit du Cap (dans la partie inférieure).

CHAPMAN'S PEAK DRIVE

Chapman's Peak porte le nom de John Chapman, lieutenant à bord d'un navire britannique qui s'est échoué à Hout Bay en 1607. Le capitaine ayant envoyé Chapman à terre dans l'espoir de trouver des provisions, la baie fut ensuite nommée « Chaunce [chance] Chapman » et ce toponyme, devenu officiel, fut utilisé sur les cartes de la VOC.

Au début du XXe siècle, Sir Nicolas Fredrick de Waal, premier administrateur de la Province du Cap, a ordonné la construction d'une route reliant Hout Bay à Noordhoek. Le tracé de cette voie a été soigneusement planifié : il suit la couche de granit, ce qui a permis de ne creuser que les sédiments de grès, moins durs, qui la recouvrent. Après sept ans de travaux, la route a été ouverte en 1922.

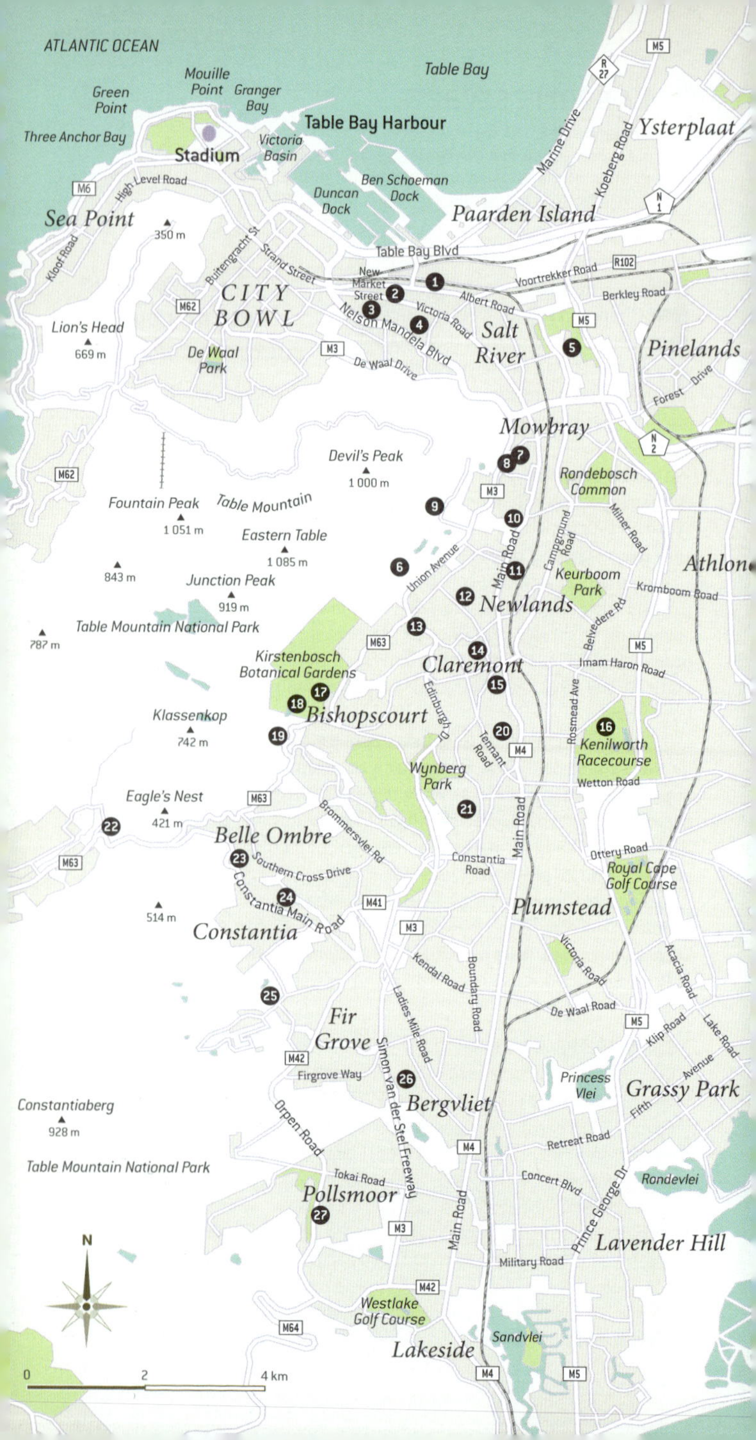

ATLANTIC OCEAN
Table Bay
Mouille Point
Green Point
Granger Bay
Table Bay Harbour
Three Anchor Bay
Stadium
Victoria Basin
Ysterplaat
High Level Road
Ben Schoeman Dock
Duncan Dock
Sea Point
Paarden Island
350 m
Kloof Road
Buitengracht St
Strand Street
Table Bay Blvd
Marine Drive
Koeberg Road
New Market Street
Voortrekker Road
Berkley Road
Albert Road
CITY BOWL
Victoria Road
Nelson Mandela Blvd
Salt River
Pinelands
Lion's Head
669 m
De Waal Park
De Waal Drive
Forest Drive
Mowbray
Devil's Peak
1 000 m
Rondebosch Common
Fountain Peak
1 051 m
Table Mountain
Eastern Table
1 085 m
Milner Road
Campground Road
Main Road
Union Avenue
Keurboom Park
Athlone
843 m
Junction Peak
919 m
Kromboom Road
Newlands
Belvedere Rd
Table Mountain National Park
787 m
Kirstenbosch Botanical Gardens
Claremont
Imam Haron Road
Edinburgh Dr
Bishopscourt
Klassenkop
742 m
Tennant Road
Rosmead Ave
Kenilworth Racecourse
Wynberg Park
Wetton Road
Eagle's Nest
421 m
Brommersvlei Rd
Belle Ombre
Southern Cross Drive
Constantia Road
Ottery Road
Royal Cape Golf Course
Constantia Main Road
514 m
Plumstead
Constantia
Victoria Road
Acacia Road
Kendal Road
Boundary Road
Ladies Mile Road
De Waal Road
Lake Road
Klip Road
Fir Grove
Simon van der Stel Freeway
Princess Vlei
Fifth Avenue
Grassy Park
Firgrove Way
Bergvliet
Constantiaberg
928 m
Orpen Road
Retreat Road
Table Mountain National Park
Tokai Road
Concert Blvd
Prince George Dr
Rondevlei
Pollsmoor
Lavender Hill
Military Road
N
Westlake Golf Course
Sandvlei
Lakeside
0
2
4 km

BANLIEUE SUD

L'ARBRE DU TRAITÉ

1

À l'intersection de Treaty Street et Spring Street
Woodstock

> ***L'arbre sous lequel le Cap a été remis aux Britanniques***

Situé à proximité des voies de chemin de fer qui longent les entrepôts de Lower Woodstock, un vieil arbre, d'une espèce appelée localement « Milkwood » (*Sideroxylon inerme*), constitue un Monument national méconnu. Comme l'indiquait une plaque commémorative volée récemment, c'est à l'ombre de son feuillage que, le 10 janvier 1806, le commandant de la colonie Hieronymus Casimir von Prophalow et les autorités militaires britanniques ont signé le traité de la Bataille de Blaauwberg, qui plaçait le Cap sous domination anglaise. Ces dispositions sont demeurées en vigueur pendant plus d'un siècle, jusqu'à ce que le Cap soit incorporé dans l'Union d'Afrique du Sud en 1910. Au moment de la signature du traité, l'arbre jouxtait une ferme appelée Papendorp (c'est également sous ce nom que l'on désigna d'abord la banlieue de Woodstock). Ce bâtiment et son arbre sont alors devenus célèbres sous les surnoms de Treaty House (« Maison du Traité ») et de Treaty Tree (« Arbre du Traité »). Bien que la ferme ait été démolie en 1935 pour faire place à une usine, le *Sideroxylon* a survécu et, en 1967, a été classé Monument national.

Bien que son âge ne soit pas connu avec certitude, on raconte que cet arbre constituait déjà un point de repère pour les marins portugais au XVIe siècle. Selon la légende, c'est à proximité de ce *Sideroxylon* que les 64 marins du capitaine d'Almeida ont été massacrés par les Khoïkhoï en 1509, après une tentative infructueuse d'enlever un enfant du clan. Avant 1806, ce grand *Milkwood* était appelé « l'arbre des esclaves », car il s'y tenait un marché aux esclaves (en outre, ces malheureux étaient parfois pendus à ses branches). Rachel Bester, qui habita Woodstock jusqu'à son décès au siècle dernier, prétendait avoir encore vu des négriers négocier sous son feuillage.

Fait probablement unique en Afrique du Sud, ce *Sideroxylon* a donné son nom à un excellent vin, et il est représenté sur l'étiquette du *Treaty Tree Reserve*, un mélange de sauvignon blanc et de sémillon plusieurs fois primé, produit par la maison Flagstone.

LE *MILKWOOD* OU *SIDEROXYLON INERME*

Le *Milkwood* (*Sideroxylon inerme*) est un arbre à feuilles persistantes qui peut vivre plus de mille ans. Les qualités de son bois en firent longtemps un matériau de choix pour la construction, et sa présence détermina l'emplacement de nombreuses fermes. Il constitue désormais une espèce protégée en Afrique du Sud. Outre « l'Arbre du Traité », trois autres spécimens ont été classés Monuments nationaux :

- Le « *Post Office Tree* », à Mossel Bay (Cap-Occidental)
- Celui de Rhenosterfontein Farm, près de Bredasdorp (Cap-Occidental)
- Le « *Fingo Milkwood Tree* », situé près de Peddie (Cap-Oriental)

L'ART URBAIN À WOODSTOCK

2

Lower Woodstock
• La plupart des œuvres se trouvent dans le rectangle délimité par Victoria Road, Albert Road, Barron Street et Essex Street
• Les fresques sont visibles par tous. Cependant, le quartier étant peu sûr, mieux vaut éviter de s'y rendre seul et d'y exhiber un appareil photo

« Un véritable safari dans les rues de Woodstock »

Bien que les animaux sauvages n'arpentent pas les rues du Cap, Lower Woodstock offre au curieux l'occasion de réaliser un surprenant safari urbain. Sur de nombreux bâtiments du quartier, des artistes venus du monde entier ont réalisé des fresques représentant la faune africaine.

Ces peintres se sont particulièrement illustrés sur les façades du Woodstock Exchange (66, Albert Road) et de la Woodstock Foundry (150, Albert Road), ainsi que sur les murs des Side Street Studios (48, Albert Road). Toutefois, les amateurs d'art urbain découvriront, dans les alentours, bien d'autres œuvres dignes d'intérêt.

Ce « safari urbain » comprend notamment les travaux de DALeast, un artiste originaire de Chine, qui habite désormais le Cap : sa technique proche de la 3D, grâce à des effets de blanc et de gris sur du noir, donne un rendu visuel évoquant la sculpture. Les animaux (babouins, aigles, guépards et impalas) paraissent constitués de fil de fer et semblent sortir des murs. L'une de ses œuvres les plus impressionnantes se trouve dans la cour des Side Street Studios, et représente un lion terrassant des hyènes.

Originaire du Royaume-Uni, l'artiste Louis Masai a également réalisé plusieurs fresques à Woodstock. Son œuvre vise à sensibiliser le public sur les espèces en voie de disparition : outre une girafe de Rothschild (sur Frere Street), il a peint une grue bleue et un gorille de montagne dans les ruelles avoisinantes.

D'autres œuvres méritent que l'on s'y attarde : c'est le cas du zèbre de l'Ukrainien AEC (Aleksei Bordusov, du groupe Interesni Kazki), à l'angle de Church Street et de Wright Street, de l'éléphant vert peint par le Melbournien Mike Makatron au coin de Cornwall Street et de Gympie Street, ainsi que du rhinocéros figuré au bout de Hercules Street par Paulo Binho, originaire de São Paulo. Une talentueuse Sud-Africaine, connue sous le pseudonyme de « Faith47 », a également réalisé plusieurs fresques à Woodstock, notamment la représentation d'un guépard, au coin de Albert Road et de Spencer Road.

Chemin faisant, le promeneur découvrira sur les murs du quartier bien d'autres thèmes que le monde animal, ainsi qu'une grande variété de styles et de sensibilités.

LISTE DES ANIMAUX REPRÉSENTÉS SUR LES MURS DE LOWER WOODSTOCK
Lion, rhinocéros, éléphant, zèbre, girafe, babouin, guépard, gorille, hyène, impala, grue bleue, vautour à tête blanche, aigle.

LA REDOUTE FRANÇAISE

3

Trafalgar Park, Searle Street, Woodstock

Le dernier vestige de la « Ligne française »

Dans Trafalgar Park, une curieuse construction constitue le dernier vestige d'une série de fortifications édifiées en 1781 par les troupes françaises, venues prêter main-forte à leurs alliés hollandais contre une attaque imminente de la flotte britannique.

Aussitôt que le régiment de Pondichéry, commandé par le comte Thomas Conway, débarqua au Cap, le système de défense de la ville fit l'objet d'un examen qui révéla cinq lacunes majeures : la baie de la Table, la passe séparant la Montagne de la Table de Lion's Head, Hout Bay, False Bay et Saldanha Bay constituaient autant de points vulnérables.

En toute hâte, les forces françaises s'employèrent à construire plusieurs redoutes, censées empêcher une attaque terrestre à partir de False Bay : depuis Fort Knokke (où se trouve actuellement la gare de Woodstock), ces postes de défense s'étendaient vers l'ouest, en traversant la ferme de Zonnebloem jusqu'au pied du Devil's Peak. Cette « Ligne française » (aussi connue sous les noms de « Zonnebloem », « Munnik Line » et « Nieuwe Retranchement ») comprenait quatre redoutes : Fort Knokke, la Hollandse Redoute, la Franse Redoute et la Burgher Redoute. Cette « Ligne » fut assez efficace pour dissuader les Britanniques de se risquer à la franchir. Cependant, le temps avait manqué pour consolider les défenses de Saldanha Bay, et c'est à cet endroit que les Anglais choisirent d'attaquer.

Cinq ans après sa construction, la « Ligne française » était si délabrée qu'elle était déjà considérée comme inutile. Toutefois, les Britanniques ayant finalement conquis le Cap en 1795, les redoutes furent remises en état, et complétées par trois fortins implantés sur le Devil's Peak. La Ligne est ainsi restée en usage jusqu'en 1827, date à laquelle on ordonna la destruction de l'ensemble de ces défenses (à l'exception de Fort Knokke). Cependant, la Franse Redoute, aussi connue sous les noms de « Central » et de « Frederick William Redoubt », échappa à ce sort.

Flanquée de contreforts en terre, la Redoute française est pourvue d'une entrée en pierre et d'une cheminée conique. On a longtemps supposé que ce dernier élément avait coiffé un four à rougir les boulets de canon, mais de récentes recherches ont montré que ce dispositif ne datait que de 1830, soit après le désarmement des forts. La structure aurait donc probablement servi de four à briques. Le site a été classé Monument national en 1968.

LA CATHÉDRALE SAINT GEORGE DE WOODSTOCK

4

75, Mountain Road, Woodstock
• Tél. 021 551 0788
• Pour connaître les horaires des offices, consulter www.goarch.co.za

Des fresques orthodoxes méconnues

Si la cathédrale anglicane Saint-Georges, située à l'extrémité d'Adderley Street, constitue l'une des plus célèbres d'Afrique du Sud, beaucoup ignorent qu'une église du quartier de Woodstock porte le même nom.

Cette autre cathédrale Saint-Georges est un lieu de culte orthodoxe grec (Agios Georgios), construit en 1903-1904, quelques années après que le Cap a accueilli son premier pope. Bien qu'il ait été agrandi en 1983, cet édifice de style néoclassique ne rassemble généralement que la petite communauté grecque du Cap, et, de l'extérieur, n'impressionne guère les passants. En revanche, le curieux qui y pénètre découvre un faste inattendu : les fresques monumentales, les icônes, le mobilier (notamment le trône de l'archevêque, avec ses représentations de Saint Démétrios et de Saint Minas) frappent le visiteur par leur richesse et leur splendeur.

Les murs, les voûtes et l'abside sont ornés de fresques de style byzantin représentant le Christ, les saints protecteurs et diverses icônes, réalisées dans les années 1990. Ces merveilles, dont les thèmes ont été supervisés par l'évêque Ioakim, sont l'œuvre du père Nikolaï, un prêtre et hagiographe roumain, et de deux de ses assistants. Le financement du projet a été assuré par les paroissiens.

La nef présente la Nativité, des scènes de la vie de la Vierge ainsi que la Passion du Christ, tandis que le sanctuaire est dominé par une image de l'Enfant Jésus assis sur les genoux de la Vierge. Les voûtes figurent un ciel bleu parsemé d'étoiles, au milieu duquel trône le Christ Pantocrator, et l'ensemble est particulièrement saisissant sous les rayons du soleil matinal traversant les vitraux.

Cette église a reçu le statut de cathédrale en 1968 : elle est alors devenue le siège de l'Archevêché Orthodoxe de Bonne-Espérance, sous la juridiction du Patriarcat orthodoxe d'Alexandrie et de toute l'Afrique. De cet archidiocèse dépendent les provinces du Cap-Occidental, du Cap-du-Nord et du Cap-Oriental, de l'État libre d'Orange, du KwaZulu-Natal, de la Namibie, du Lesotho et du Swaziland.

TIME PISTOL AND POWDER FLASH
Time-keeping for the ships in port was a major responsibility for this Observatory at the beginning of th
19th Century. A few minutes before the arranged time, the Astronomer went on the roof of the mai
building with a chronometer and the brass-barrelled pistol displayed here. When the second hand of the
chronometer reached the appointed time, the pistol was fired. At this point a signalman at the harbour
watching through his telescope for the flash from the fired pistol, would drop a time ball by means of a
rope attached to his foot. By taking note of this time signal, ships in port were able to set the
chronometers, or time-keeping instruments, more accurately.
T. COOKE & SONS
LONDON YORK & CAPE-TOWN

LE PREMIER CANON DE MIDI

5

McClean Dome
South African Astronomical Observatory (SAAO), 1, Observatory Road
• Ouvert les deuxième et quatrième samedis du mois, à partir de 20h : la visite du site comprend une conférence de 45 minutes, et permet d'observer les étoiles

> **Un petit pistolet en laiton**

Au Cap, chacun est habitué au coup de canon tiré quotidiennement de Signal Hill à midi précis. Toutefois, nombre des curieux qui viennent voir cette pièce d'artillerie (le Noon Gun, « Canon de Midi ») ignorent qu'à l'origine, ce signal était donné par un petit pistolet en laiton, conservé de nos jours à l'Observatoire astronomique sud-africain (SAAO).

En 1820, l'Amirauté britannique décida de créer au Cap un observatoire permanent pour faciliter la navigation, notamment en indiquant l'heure exacte aux navires (ce paramètre étant essentiel pour déterminer la longitude). Le premier astronome envoyé par la Royal Astronomical Society, Fearon Fallows, arriva l'année suivante et s'attela à la tâche. Pendant les sept ans que durèrent la construction de l'observatoire, Fallows indiqua l'heure au moyen d'une lampe à huile, depuis sa maison du quartier de Gardens.

Après la mort de Fallows en 1833, Thomas Henderson améliora les méthodes de son prédécesseur : utilisant un chronomètre de poche et un pistolet en laiton chargé de poudre noire, il grimpait sur le toit de l'observatoire et faisait feu à des heures précises. Les marins pouvaient ainsi apercevoir l'éclair la nuit, et la fumée le jour, afin de régler leurs chronomètres en conséquence.

On utilisa ensuite le système des « boules horaires » (boules de grande taille glissant le long de mâts verticaux, que l'on laisse tomber à des moments prédéterminés), installées à l'observatoire, sur Signal Hill et sur les quais (l'une d'entre elles est toujours visible sur le Waterfront). Bien que le canon soit aujourd'hui déclenché de manière électronique, le signal provient toujours de l'horloge principale du SAAO, datant de 1864.

Quant au pistolet de Henderson, il se trouve dans un petit musée du McClean Dome, qui expose trois télescopes fonctionnels, ainsi qu'un des instruments de Fallows.

UNE CONSTELLATION NOMMÉE D'APRÈS LA MONTAGNE DE LA TABLE

L'un des premiers astronomes du Cap, Nicolas-Louis de la Caille, a cartographié près de 10 000 étoiles entre 1751 et 1753. Ce faisant, il a repéré une constellation peu lumineuse contenant une partie du Grand Nuage de Magellan. Sa forme rappelant celle de la Montagne de la Table, la Caille la nomma *Mons Mensae* (« Montagne-Table »). À ce jour, elle constitue la seule constellation portant le nom d'une formation terrestre.

LE « PARADIS »

6

Newlands Forest, Union Avenue, Newlands

• Accès : prendre la sortie Newlands Forest depuis la M3, où se trouve aussitôt un parking. À pied, remonter la route goudronnée, tourner à gauche et continuer. Emprunter la 3e bifurcation sur la gauche (un banc signale chacune d'entre elles), rester sur la droite, et là se trouve le « Paradis »

• Ouvert du lever au coucher du soleil

« Le premier projet de protection des forêts du Cap

Au cœur de la forêt de Newlands se trouvent les ruines d'une maison en pierre connue sous le nom de Paradise (« Paradis »). Bien que ces vestiges datent du milieu du XVIIIe siècle, le premier occupant des lieux s'y est installé en 1657, cinq ans seulement après le débarquement de Van Riebeeck.

Jusqu'en 1661, le bûcheron et menuisier Leenderts Cornelis a été chargé de la gestion de « *Het Paradijs* », ainsi que d'une partie de la forêt qui s'étendait sur les terres occupées aujourd'hui par Newlands et Kirstenbosch. Sa tâche consistait à protéger les arbres de l'abattage sauvage, et à approvisionner régulièrement la colonie en bois.

Toutefois, en 1714, les forêts de la Montagne de la Table avaient été si décimées que la Compagnie mit en place un contrôle strict de leur exploitation. Un maître bûcheron et une garnison furent alors envoyés au « Paradis » pour dissuader l'abattage illégal des arbres du voisinage (dans la pratique, ces soldats captureraient cependant davantage d'esclaves et de malfaiteurs en fuite que de coupeurs de bois).

Les premiers bâtiments en dur ont été érigés en 1735, puis une maison plus confortable a été construite entre 1750 et 1770 pour abriter le bûcheron (ce sont ses ruines qui subsistent de nos jours). Un peu à l'écart de cette habitation se trouvent les restes du campement des militaires, ainsi que d'une dépendance, qui fut probablement une écurie.

La maison du « Paradis » était dotée de fondations en pierre limitant les effets de l'humidité, et de murs en pierres et briques surmontés d'une charpente en bois couverte d'un toit de chaume. Quant au pignon, il était fait de pierre, afin de résister au « *Southeaster* » (un vent violent qui souffle sur le Cap du printemps à la fin de l'été). On y remarque encore les encoches dans lesquelles les poutres soutenant la toiture étaient encastrées.

De 1797 à 1800, Lady Anne Barnard et son mari Andrew ont fait de cette maison une petite résidence secondaire. Grâce aux célèbres journaux intimes de Lady Anne, Paradise est parfois désignée comme « le Cottage de Lady Anne Barnard ». Aujourd'hui, seuls les murs et le pignon de pierre témoignent encore de l'existence de cette demeure, conçue pour défendre une forêt qui a fini par l'engloutir.

LE SIÈGE-AUTEL DE BULI

7

Irma Stern Museum
Cecil Road, Rosebank
• Tél. 021 685 5686
• www.irmastern.co.za
• Horaires d'ouverture : du mardi au vendredi de 10h à 17h et le samedi de 10h à 14h

« Une pièce rarissime provenant du Congo

La maison où vécut la célèbre artiste sud-africaine Irma Stern (1894-1966) abrite un remarquable musée qui, outre ses propres peintures, expose quantité d'objets rapportés par Stern de ses nombreux voyages en Europe et en Afrique. La pièce majeure de cette collection éclectique est un siège-autel congolais datant du milieu du XIXe siècle, dont on ne connaît, au monde, que vingt exemples (deux d'entre eux sont exposés au Metropolitan Museum of Art de New York et au British Museum).

Destiné à un souverain de l'Empire Luba (établi, du XVIe siècle au XIXe siècle, sur le territoire de l'actuelle République démocratique du Congo), le siège-autel ne constituait pas un trône, mais un moyen de communication entre le potentat et le monde des esprits.

Le style de cet objet révèle qu'il fut réalisé par l'école du « maître de Buli », du nom d'un village de la province du Katanga (on ignore toutefois s'il est l'œuvre du maître lui-même, ou de l'un de ses élèves).

Sa décoration particulière est pétrie de symboles : la caryatide soutenant le plateau du siège représente une ancêtre du souverain (selon le système luba de descendance matrilinéaire, l'importance politique d'un homme était transmise par sa mère), et montre un visage allongé, qui suggère l'âge et le pouvoir du chef, tout comme sa coiffure et ses scarifications, qui indiquent son statut social élevé.

Autour du siège-autel, pièce centrale de la salle consacrée au Congo, des gouaches et des huiles peintes par Stern présentent des portraits de Mangbetus (un peuple d'Afrique centrale présent dans le nord-est du Congo), des paysages, des marchés et des scènes de danse.

Le musée Irma Stern a été créé en 1971 dans la maison où l'artiste a vécu pendant près de quatre décennies, et plusieurs pièces du rez-de-chaussée contiennent encore ses propres meubles (l'étage, cependant, est désormais occupé par une galerie vendant des œuvres d'artistes contemporains).

La collection du musée permet en outre de découvrir l'évolution artistique d'Irma Stern au cours de sa carrière : les thèmes traités comprennent notamment des scènes et portraits exotiques, des paysages et des natures mortes, exécutés à l'huile, à l'aquarelle, à la gouache ou au fusain.

> « Le Congo a toujours été pour moi le symbole de l'Afrique, le cœur même de l'Afrique ». *Irma Stern*

LE MANOIR DE WELGELEGEN

8

À Rosebank, la Chapel Road Extension mène jusqu'au parc de Welgelegen
• Tél. 021 650 3759
• Le bâtiment est fermé au public, mais l'Université organise des visites de manière occasionnelle

Un classique de l'architecte Herbert Baker

Le Manoir de Welgelegen, aujourd'hui inclus dans le « Middle Campus » de l'Université du Cap, abrite le Département de Communication et de Marketing. Ce superbe bâtiment, implanté sur le versant du Devil's Peak, a été conçu en 1899 par le plus célèbre architecte du Cap, Herbert Baker (1862-1946).

Le Manoir constitue un bel exemple du « *Cape Dutch Revival Style* » de Baker : un harmonieux mélange entre le style hollandais du Cap et celui des maisons de campagne anglaises. L'intérieur de Welgelegen avait aussi été somptueusement aménagé, et contenait notamment une table à manger conçue par Baker lui-même. Hélas, ces éléments ont, depuis lors, été dispersés. Pour se faire une idée du décor original, il reste toutefois possible de pénétrer dans le Manoir, et de demander à voir les trois tableaux de James Durden qui représentent les pièces de l'époque.

La fondation de ce domaine remonte au XVIIe siècle : en 1657, la VOC (Compagnie des Indes Orientales) a attribué ces terres à Steven Bothma, qui y a fondé une ferme nommée « *Welgelegen* ». Après la mort de ce dernier, Welgelegen a changé de mains plusieurs fois jusqu'en 1756, date à laquelle elle est devenue la propriété de Jacob van Reenen, qui y fit construire une maison.

Cette bâtisse fut plus tard incluse dans le vaste domaine du magnat de l'exploitation minière Cecil John Rhodes (1853-1902), le « *Groote Schuur* ». C'est à cette époque que Rhodes confia à Baker la transformation du bâtiment de Welgelegen, avant de l'offrir en 1900 à son ami John Blades Currey (1829-1904), qui avait pris soin de Rhodes à l'époque où ce dernier était tombé malade à Kimberley. Currey était alors le gérant d'une société foncière du Cap-du-Nord (qui a plus tard été absorbée par la compagnie *De Beers Consolidated Mines*, présidée par Rhodes).

À son retour de Kimberley, Currey fut nommé intendant du « *Groote Schuur* », et le Manoir de Welgelegen est demeuré la propriété de sa famille jusqu'à la mort de sa fille Winifred en 1979. L'Université a alors acquis le Manoir, qui a été classé Monument national en 1980.

« L'œuvre de la Nature est à plus grande échelle (...) en Afrique du Sud, que le Grand Architecte a conçue de manière si grandiose. » *Herbert Baker*

LES VESTIGES DE L'ANCIEN ZOO

9

Groote Schuur Estate, près de l'intersection de Madiba Circle et de Rhodes Memorial Street
Rondebosch

> ***Jusqu'en 1978, des lions habitaient au Cap***

Sur les pentes de la Montagne de la Table se trouvent les vestiges de l'ancien zoo de Groote Schuur, où l'on peut encore voir l'enclos de pierre qui était réservé aux lions.

Ce projet fut conçu par le magnat de l'exploitation minière Cecil John Rhodes, qui souhaitait réunir sur son domaine des espèces animales provenant de l'ensemble de l'Empire britannique, afin de les présenter aux habitants du Cap.

À l'origine, le zoo n'abritait que des herbivores. Ce n'est qu'en 1897, lorsque Rhodes reçut deux lions et un léopard, qu'il confia à son architecte, sir Herbert Baker, la tâche de dessiner un majestueux bâtiment, orné d'une colonnade, afin d'accueillir les fauves. Ce projet ne fut cependant pas mené à son terme, et la taille de cet enclos fut significativement réduite (en 1931, celui-ci fut également démoli et reconstruit).

Ce jardin zoologique avait été conçu pour présenter les espèces animales selon la théorie de l'évolution qui prévalait à l'époque : les reptiles y apparaissaient avant les oiseaux et les singes, le sommet de la pyramide étant naturellement occupé par les lions, « rois des animaux ».

Rhodes, décédé en 1902, a légué ses biens à la nation en stipulant que l'accès au zoo devait demeurer gratuit. Celui-ci était ouvert tous les jours de 9h à 17h, au son d'un sifflet. Des ânes et des chevaux, parqués dans une enceinte toute proche, constituaient les proies quotidiennes des lions et, lorsque le vent d'ouest soufflait, les rugissements des fauves se faisaient entendre jusqu'aux banlieues voisines de Rondebosch et de Newlands.

Le zoo de Groote Schuur a fermé ses portes en 1978, pour des raisons budgétaires et par souci du bien-être des animaux, dont les conditions de vie étaient déplorables. Depuis lors, cet espace a successivement servi de logement, de lieu d'exposition, de théâtre et de restaurant.

LA FIN TRAGIQUE D'UNE GIRAFE EXPÉDIÉE DU TRANSVAAL

Il n'existe pas de liste exhaustive des espèces présentées dans le zoo. On sait toutefois qu'un lionceau a été échangé contre un chameau provenant d'un cirque, et qu'un kangourou en fuite, tombé dans un piège à léopard, a été abattu par un fermier. Enfin, une girafe, expédiée du Transvaal par train, n'est jamais arrivée : elle avait été installée dans un wagon ouvert, et son cou s'est brisé lorsque la rame a pénétré dans un tunnel.

GROOTE SCHUUR RESIDENCE

10

Klipper Road, Rondebosch
• Tél. 083 414 7961
• Visites sur rendez-vous uniquement

La plus fastueuse des résidences de Cecil John Rhodes

Bien que Cecil John Rhodes (1853-1902) ait eu pour coutume d'ouvrir les jardins de sa somptueuse demeure de Groote Schuur chaque week-end, l'accès en est aujourd'hui plus difficile : le bâtiment est devenu la résidence officielle du président d'Afrique du Sud, et les services de sécurité imposent aux visiteurs de prendre rendez-vous et de présenter une pièce d'identité.

Située sur les pentes de la Montagne de la Table, cette magnifique maison a été construite en 1658 par la Compagnie hollandaise des Indes orientales (VOC) et faisait office de grenier (Groote Schuur signifie « Grande Grange »). Cecil John Rhodes, devenu Premier ministre de la colonie du Cap en 1890, loua d'abord la propriété, avant de l'acheter en 1893. Il confia alors à un jeune architecte britannique la tâche de rénover le bâtiment : ce fut le premier projet de Herbert Baker en Afrique du Sud, pour lequel il inventa le fameux « *Cape Dutch Revival Style* ».

Après qu'un incendie suspect a détruit une partie de la demeure en

décembre 1896, Baker et Rhodes l'ont reconstruite et modernisée en y ajoutant des éléments en fer forgé et d'antiques carreaux de faïence. S'agissant de l'ameublement, Rhodes a chargé des agents de lui procurer des meubles anciens, de l'argenterie et de la verrerie du Cap. Baker lui-même a conçu certains éléments du mobilier.

Rhodes a légué ses biens à la nation et, de 1911 à 1994, Groote Schuur fut la résidence officielle des premiers ministres et présidents sud-africains. En 1990, F.W. de Klerk et Nelson Mandela y ont signé la « *Groote Schuur Minute* », un engagement historique ouvrant la voie à des négociations pacifiques entre les partis politiques d'Afrique du Sud.

La demeure abrite aujourd'hui un musée présentant une belle collection de faïences de Delft, de porcelaines chinoises et japonaises et de tapisseries flamandes du XVIIe siècle. On peut également y admirer la bibliothèque personnelle de Rhodes, et l'un des trois « pianos Beethoven » créés par Dolmetsch.

UN PRÉCIEUX ÉLÉMENT DU PATRIMOINE CULTUREL DU ZIMBABWE

Nombreux sont les visiteurs qui, en pénétrant dans la chambre de Rhodes, laissée en l'état depuis sa mort, ne remarquent pas l'oiseau en stéatite qui occupe la partie supérieure d'une vitrine. À la fin du XIXe siècle, plusieurs statues de ce type avaient été découvertes par des chasseurs de trésors dans les ruines de l'imposante cité du Grand Zimbabwe, datant du XIe siècle au XVe siècle. Rhodes, grand amateur d'antiquités, en avait acquis cinq. Depuis lors, quatre d'entre elles ont été restituées au Zimbabwe, mais, curieusement, cet exemplaire n'a pas quitté Groote Schuur.

DO NOT
TOUCH

JOSEPHINE MILL

11

13 Boundary Road
Newlands
• Horaires d'ouverture : du lundi au vendredi de 9h à 13h

“ *Le dernier moulin à eau en état de fonctionner*

Datant de 1840, le Josephine Mill constitue le dernier moulin à eau fonctionnel du Cap, et fait partie d'un musée consacré à la meunerie. Cette élégante structure victorienne en briques, implantée dans une rue verdoyante, présente d'intéressantes fenêtres à cadre en fonte, qui rappellent l'architecture suédoise du milieu du XIXe siècle (le premier propriétaire du moulin, Jacob Letterstedt, était originaire de Suède).

En 1975, le Josephine Mill fut légué à la *Cape Town Historical Society* par son propriétaire, Myra East. Abandonné depuis les années 1930, le bâtiment était alors dans un état de délabrement avancé.

Un nettoyage du site, ainsi que des fouilles menées par la Historical Society permirent toutefois de mettre au jour une grande partie du mécanisme du moulin. De plus, grâce à différents documents anciens, on put envisager de le restaurer et le remettre en état de fonctionnement. Il fallut en outre recréer le lit du cours d'eau d'origine, la rivière Liesbeek, qui actionnait sa roue à aubes. Ces efforts furent couronnés de succès en 1988, date à laquelle on put à nouveau produire de la farine dans l'ancienne structure.

Le musée du Josephine Mill présente divers objets glanés dans la région, ainsi qu'une exposition sur le fonctionnement des meules de pierre. On y découvre également des plans montrant l'emplacement des cours d'eau à l'époque de la construction du moulin, ainsi que différentes pierres meulières, notamment des exemplaires originaires de la vallée de la Marne, en France, constituées de quartiers de roches gréseuses à ciment siliceux assemblés entre eux et cerclés de métal.

Quant à l'histoire du moulin, elle ne manque pas d'intérêt : Jacob Letterstedt, un jeune immigrant suédois, avait obtenu une place de régisseur dans une ferme située sur les rives de la rivière Liesbeek. Quelque temps plus tard, il a épousé la propriétaire des lieux, une riche veuve de 18 ans son aînée et, en 1840, a construit le Josephine Mill, pour lequel il a fait importer d'Angleterre la roue à aubes nécessaire à son fonctionnement. Son projet avait été minutieusement préparé, la machine développant une puissance de 10 chevaux-vapeur.

Le moulin fut ainsi nommé en l'honneur de la princesse héritière de Suède, Joséphine (devenue reine en 1844). Letterstedt a également construit un élégant moulin à vapeur, haut de cinq étages, à proximité du Josephine Mill.

LA SOURCE DE NEWLANDS

⓬

Springs Way, Newlands
- Point de collecte des eaux : au coin de Letterstedt Road et de Main Road
- Horaires d'ouverture : tous les jours de 6h à 21h

> *Le berceau de l'industrie brassicole du Cap*

Au fond d'une impasse paisible de Newlands, un tuyau en plastique blanc émerge du sol, dispensant une eau fraîche. En dépit de son aspect insignifiant, cette fontaine a joué un rôle considérable dans le développement du quartier, ainsi que dans celui de l'industrie brassicole locale.

Cette source (la « Newlands Spring ») n'est pas la seule à jaillir spontanément dans les environs. Et, si les premiers colons en firent d'abord un usage domestique, la grande pureté de cette eau attira rapidement les premiers brasseurs du Cap. Dès 1694, la première licence de fabrique de bière d'Afrique du Sud fut accordée à un établissement de Newlands et, à la fin des années 1880, quatre brasseries avaient été établies dans la région : Hiddingh's Cannon Brewery, Letterstedt's Mariendahl Brewery, Cloete's Newlands Brewery et Ohlsson's Annenberg Brewery.

Au fil du temps, Anders Ohlsson finit par acquérir les autres brasseries, ainsi que leurs droits sur la source de Newlands : son industrie fut alors renommée Ohlsson's Cape Breweries. Au début du XXe siècle, le principal concurrent d'Ohlsson était l'entreprise Castle Breweries, basée à Johannesburg. À son tour, cette dernière a fini par absorber Ohlsson's Cape Breweries, dont le domaine et la source appartiennent de nos jours à la société South African Breweries (SAB).

La source de Newlands fournit toujours plus d'un million et demi de litres d'eau par jour à la brasserie. Ce volume demeure constant depuis l'installation d'une canalisation reliant la source à l'établissement brassicole en 1942 (avant cette date, l'eau était acheminée à la brasserie par un canal ouvert). La qualité de l'eau de Newlands Spring, régulièrement testée, est excellente : elle présente une faible teneur en minéraux, aucune trace de pollution, et son pH de 5,9 la rend particulièrement désaltérante.

La SAB a mis en place un point de collecte, ouvert quotidiennement au public de 6h à 21h, au coin de Letterstedt Road et de Main Road. Toutes les classes sociales viennent régulièrement s'y approvisionner, et l'on y croise aussi bien des hommes d'affaires en grosses berlines allemandes, des policiers, des hippies, des femmes au foyer que des retraités, munis de tous les types de récipients imaginables pour rapporter cette eau aux vertus réputées. En ce sens, la source de Newlands constitue un symbole de la mixité sociale de la ville.

LE PORTAIL DE BOSHOF

13

À l'intersection de Paradise Road et de Boshof Avenue, Newlands

L'un des plus beaux portails du Cap

En roulant sur l'autoroute M3 à hauteur de Newlands, peu de Captoniens remarquent un élégant portail en bois blanchi à la chaux. Celui-ci constituait l'entrée originale de l'ancien domaine de Boshof, qui remonte au XVIIIe siècle.

À partir de 1658, les terres comprises entre Mowbray et Newlands ont été divisées en plusieurs domaines bordant la rivière Liesbeek. En 1666, l'un d'eux a été attribué au meunier Wouter Mostert (il ne s'agit pas du même Mostert qui donna son nom au moulin situé à Mowbray, voir page 245). Sa ferme, appelée *Goed en Quaad* (« Bien et Mal »), fut plus tard réunie avec un petit domaine voisin, Boshof, décrit comme étant « dans une région sauvage, au nord de la rivière Liesbeek ». Ces terres s'étendaient probablement de la montagne à la rivière, et du portail à l'endroit où Kirstenbosch se trouve de nos jours.

En 1786, la ferme devint la propriété d'Alexander van Breda, et il semble que son portail ait été érigé peu de temps après cette date, probablement par

des Malais du Cap (nombre de ces esclaves étaient alors des artisans, parfois qualifiés). Ce portail, conçu dans un style néo-classique, décoré d'urnes et de têtes sculptées, est aujourd'hui considéré comme l'un des plus beaux et des mieux conservés du Cap. Il s'ouvre sur Boshof Avenue, l'un des plus anciens boulevards de la ville. En l'empruntant, on peut encore apercevoir le pignon de la maison originale de Boshof, datant de 1776.

Le portail de Boshof (« *Boshof Gateway* ») a été classé Monument national en 1941.

DES DOMAINES DEVENUS BANLIEUES

En se déplaçant vers le sud depuis le Cap, le premier domaine était celui de Welgelegen (voir page 139), qui jouxtait celui de Zorgvliet, dont rien ne subsiste. La ferme suivante, Rustenberg, fut la résidence des gouverneurs jusqu'en 1791. Groote Schuur constituait le domaine voisin, suivi de Klein Schuur. Au-dessus et au sud-ouest se trouvait Mount Pleasant, dominant Westervoot (Westerford). Papenboom, également connu sous le nom de Brouwery, fut le lieu où la première bière du Cap a été brassée en 1696. Newlands (Nieuwland) est devenu la résidence de campagne des gouverneurs à la fin des années 1700. Plus au sud se trouvaient Boshof, Fernwood et Paradijs. La ferme de Van Riebeeck, Boschheuvel, se trouvait dans la vallée suivante, et porte aujourd'hui le nom de Bishopscourt.

L'OBÉLISQUE DE HERSCHEL

14

Grove Primary School, Grove Avenue, Claremont

Un hommage à un astronome distingué

Dans l'enceinte d'une petite école de Claremont se trouve un monument méconnu, dédié à la mémoire de Sir John F.W. Herschel, le célèbre astronome britannique, fils unique d'un autre illustre astronome, Sir William Herschel.

De 1834 à 1838, J. Herschel vécut à Feldhausen : il y installa un télescope de six mètres et s'attela à cartographier le ciel de l'hémisphère sud, découvrant des milliers d'étoiles doubles, d'amas stellaires et de nébuleuses. Il observa également le passage de la comète de Halley, entre 1835 et 1836. En parallèle de ses recherches astronomiques, Herschel a contribué à jeter les bases du système éducatif du Cap, en mettant l'accent sur l'étude des mathématiques et de la science.

Lors de son départ, Herschel a vendu Feldhausen, stipulant qu'un espace circulaire de 20 mètres, sur lequel il avait installé son télescope, resterait sa propriété à perpétuité. En son centre, l'astronome a placé une petite colonne de granit marquée de ses initiales et des dates de son séjour.

Par la suite, les membres de l'Institution littéraire et scientifique sud-africaine, dont il avait été le président, ont décidé de lui rendre hommage en érigeant en ces lieux « un mémorial permanent ».

Aussi un obélisque de granit jaune de Craigleith, extrait d'une carrière proche d'Édimbourg, a-t-il été installé en 1841 sur le petit monument laissé par Herschel. Ce mémorial, qui a coûté à l'époque quelque 300 livres sterling, a été laissé ouvert sur l'un de ses côtés, afin de permettre aux visiteurs de découvrir la colonne originale de l'astronome (à l'origine, cet espace abritait aussi une capsule temporelle contenant notamment six médaillons en or, des pièces de monnaie, ainsi que divers documents relatifs à la géographie et à l'astronomie). Des inscriptions en anglais, néerlandais et latin ont été portées sur les trois autres faces de l'obélisque.

La version latine peut être traduite ainsi :

« Sur ce site, John F.W. Herschel a installé un très grand miroir fait de ses propres mains en Angleterre et, pendant quatre ans, a observé, le plus loin possible, les étoiles et les nébuleuses du ciel, leurs positions et leurs types. Ainsi le fils a-t-il poursuivi en Afrique le travail remarquable commencé par son illustre père et par lui-même dans l'hémisphère nord. »

En 1936, l'obélisque fut classé parmi les premiers Monuments nationaux.

LES « ARBRES CHAMPIONS » DES JARDINS D'ARDERNE

15

Arderne Gardens
222, Main Road, Claremont
• Horaires d'ouverture : tous les jours de 8h à 18h
• Une carte indiquant l'emplacement des arbres remarquables peut être acquise pour R10 à la pharmacie Scala, de l'autre côté de la rue

« *La plus grande collection d'arbres remarquables en Afrique du Sud* »

Les Jardins d'Arderne, situés au cœur de Claremont, sont les seuls à rassembler six des arbres les plus remarquables d'Afrique du Sud, selon le Département des Eaux et Forêts qui, en 2003, a défini la notion d'« arbre champion » (*champion tree*) : ces végétaux, remarquables par leur taille, leur espèce ou leur histoire, font l'objet d'une protection particulière de l'État.

Le premier d'entre eux est un figuier de la baie de Moreton haut de 37 mètres et doté d'impressionnantes racines. Les jeunes mariés ayant coutume de se faire photographier devant lui, il est souvent surnommé « l'Arbre du Mariage ». Un autre spécimen remarquable est un pin d'Alep, qui atteint une hauteur de 40 mètres (soit le double de la hauteur habituelle pour cette espèce) : il est considéré comme le plus grand de son genre au monde. Par ailleurs, un pin de Norfolk haut de 43 mètres est le descendant du tout premier spécimen de cette essence introduit en Afrique du Sud : acquis pour la somme considérable de 5 livres, son ancêtre a été planté au centre des jardins en 1847 et mourut en même temps que son propriétaire en 1917. Les trois autres « arbres champions » des Jardins (un vieux chêne chevelu, un chêne-liège et un kauri du Queensland) sont peut-être moins spectaculaires, mais méritent néanmoins que l'on s'y attarde.

La plupart de ces végétaux ont été plantés par le créateur des Jardins, Ralph Henry Arderne (1802-1885), un marchand de bois qui avait acquis cette parcelle en 1845. Grâce à ses relations dans le commerce du bois, Arderne a pu satisfaire sa passion pour les arbres et les plantes exotiques, amassant au fil des années l'une des plus belles collections d'Afrique du Sud : outre les « arbres champions », on y découvre un monstrueux dragonnier des Canaries, des bunya-bunya australiens, des fougères arborescentes de Nouvelle-Zélande, des pins du Paraná du Brésil, des cèdres de l'Himalaya, des séquoias californiens et probablement le seul Araucaria de Rule d'Afrique du Sud. Après la mort de Ralph Arderne, son fils Henry Mathew (1834-1917), aussi passionné que son père, a continué à enrichir cette collection, en y ajoutant notamment un rare spécimen de *Watsonia borbonica Ardernii* (ainsi nommé parce qu'Arderne l'a découvert lui-même, au cours d'une randonnée dans le Cederberg).

Les Jardins, classés Monument historique national en 1979, sont entretenus par la ville du Cap et l'association *Friends of the Arderne Gardens*.

ZONE PROTÉGÉE DE L'HIPPODROME DE KENILWORTH

16

Kenilworth Racecourse, Rosmead Avenue, Kenilworth
• Accès sur rendez-vous uniquement (les randonnées sont encadrées)
• Les amis de la KRCA organisent des promenades thématiques (fleurs au printemps, grenouilles en août, et même parfois des parcours de découverte des araignées)
• Contactez la KRCA sur le site www.krca.co.za

« Un écosystème remarquablement préservé

Pour la plupart des Captoniens, l'hippodrome de Kenilworth (le plus ancien d'Afrique du Sud) évoque avant tout la course prestigieuse du « J & B Met », qui s'y tient chaque année. Peu d'entre eux savent, cependant, que le tracé de la piste sur laquelle évoluent les chevaux entoure 52 hectares de « fynbos » (formation végétale naturelle caractéristique de la province du Cap-Occidental) qui n'ont pas été perturbés depuis plus de 130 ans.

Bien que ce riche écosystème, le mieux conservé de la péninsule du Cap, ait été identifié comme l'un des 35 principaux sites botaniques du pays dès 1882, les mesures officielles concernant sa préservation n'ont été prises qu'en 2006.

On y trouve plus de 350 espèces végétales endémiques, dont 34 sont en voie de disparition et deux (*Erica margaritacea* et *Isolepsis bulbifera*) n'existent nulle part ailleurs sur terre.

De plus, deux espèces d'Erica (un genre de bruyères), éteintes à l'état sauvage, *Erica verticillata* et *Erica turgida*, y ont été réintroduites après un écobuage mené en mars 2005, et se sont bien adaptées à ce milieu. D'autres brûlages dirigés, réalisés chaque année depuis 2010, ont aussi permis de retrouver un type d'amaryllis, *Hessea cinnamomea*, qui n'avait pas fleuri depuis plus de 70 ans.

Cet espace préservé comprend aussi plusieurs zones humides saisonnières, où se reproduisent neuf espèces de grenouilles différentes. Il abrite notamment l'une des quatre populations restantes de micro-grenouilles (*Microbatrachella capensis*), une espèce en danger critique d'extinction, endémique du sud-ouest du Cap. Mesurant seulement 15 mm à maturité, la micro-grenouille est l'un des plus petits amphibiens d'Afrique du Sud. Sa reproduction commence au moment des pluies hivernales : c'est donc généralement entre juillet et septembre que l'on a le plus de chances de les observer et de les entendre. En effet, pendant la sécheresse des mois d'été, les micro-grenouilles s'enfouissent dans les herbes épaisses et entrent dans une période d'estivation (un engourdissement semblable à celui de l'hibernation) pour éviter la dessiccation.

Par ailleurs, 21 espèces de reptiles sont présentes dans la réserve, dont une minuscule tortue, l'homopode aréolé (ou « tortue à bec de perroquet »), qui ne mesure que 10 cm de long. On peut également apercevoir quelque 90 espèces d'oiseaux, notamment le faucon pèlerin, particulièrement rare.

LE CYCAS DE WOOD

17

Kirstenbosch National Botanical Gardens
• Horaires d'ouverture : tous les jours de 8h à 18h

La plante la plus solitaire du monde

Parmi les spécimens de cycadales des Jardins botaniques de Kirstenbosch figure un arbre rarissime, dont la forme évoque celle d'un palmier. Ce cycas de Wood (*Encephalartos woodii*) a été découvert en 1895 dans la forêt de oNgoye, au KwaZulu-Natal, par le conservateur des jardins botaniques de Durban, John Medley Wood. Cette plante, jusqu'alors inconnue, se présentait sous la forme d'un bouquet de quatre troncs. Elle a reçu le nom de son inventeur en 1908.

En 1903, Wood envoya son adjoint James Wylie collecter certaines des plus petites ramifications de l'arbre. Puis, en 1907, Wylie revint sur les lieux chercher deux des troncs les plus gros, qui prospèrent encore dans les jardins botaniques de Durban. En 1912, il ne restait qu'un tronc de trois mètres de haut dans la forêt de oNgoye. Envoyé au botaniste du gouvernement à Pretoria en 1916, ce dernier vestige est mort en 1964. Depuis lors, en dépit de nombreuses recherches, aucun autre spécimen n'a pu être découvert, et ce végétal est désormais considéré comme éteint à l'état sauvage.

Les cycadales, hélas, sont des plantes dioïques (les individus sont soit mâles, soit femelles), et le spécimen découvert par Wood était un mâle. Aucune femelle n'ayant été trouvée à ce jour, il semble que cet arbre soit désormais incapable de se reproduire, bien que son espèce remonte à 340 millions d'années environ.

Tous les plants connus de *E. woodii* ont été cultivés à partir de drageons du cycas découvert en 1895. Ce végétal constitue donc l'une des plantes les plus rares et les plus prisées au monde, et le prix de ses boutures peut atteindre 20 000 $ (c'est d'ailleurs pour prévenir les vols que l'arbre de Kirstenbosch est aujourd'hui protégé par une cage).

Bien que tout espoir de trouver un spécimen femelle dans la forêt de oNgoye ne soit pas abandonné, les botanistes s'efforcent d'en créer un à partir de croisements avec son parent le plus proche, *Encephalartos natalensis.* Cependant, les hybrides ainsi obtenus ne seront jamais d'authentiques *E. woodii*. Parallèlement, d'autres scientifiques espèrent que l'une des plantes mâles opérera un changement de sexe spontané, ce phénomène ayant déjà été observé chez d'autres cycadales.

Toutefois, à ce jour, *E. woodli* demeure, selon la formule du biologiste Richard Fortey, « l'organisme le plus solitaire du monde (…), condamné à ne pas avoir de descendance. »

LA HAIE DE VAN RIEBEECK

18

Kirstenbosch National Botanical Gardens
• Horaires d'ouverture : tous les jours de 8h à 18h

Une lointaine préfiguration du régime de l'apartheid

Au cœur de la « forêt magique » (magic forest) des Jardins botaniques de Kirstenbosch, on remarque plusieurs amandiers sauvages d'une taille considérable.

Les plus grands de ces arbres constituent les vestiges d'une haie plantée par les hommes de Jan van Riebeeck dès 1660, soit quelques années à peine après l'installation au Cap de l'avant-poste de la Compagnie néerlandaise des Indes orientales (VOC). Selon la coutume hollandaise, les colons avaient décidé d'enclore leurs pâturages et leurs jardins, dans ce cas au moyen « d'amandes amères et de toutes sortes de buissons épineux à croissance rapide, formant une barrière si dense qu'aucun animal ne pourrait la traverser. »

Ces enclos, cependant, furent implantés sur l'un des circuits migratoires des Khoïkhoï, et les relations ne tardèrent pas à s'envenimer entre les nouveaux occupants et ce peuple.

Cette ségrégation de fait, par son principe, constituait une lointaine préfiguration du sinistre régime de l'apartheid, dans lequel les colons blancs s'attribuaient les meilleures terres en déplaçant les populations autochtones (dans ce sens, on note que « clôture » et « haie » sont désignés par le même mot en afrikaans, ce qui n'est pas le cas en néerlandais).

Ironiquement, ces haies ont fini par gêner les Hollandais eux-mêmes : non seulement elles n'empêchaient pas les vols de bétail commis par les Khoïkhoï, mais la colonie s'est développée si rapidement qu'ils ont dû se résoudre à faire paître leurs animaux au-delà des enclos qu'ils avaient créés initialement.

Les vestiges de la haie de Van Riebeeck constituent le plus ancien témoignage de l'installation des colons au Cap. Aussi ont-ils fait partie des premiers Monuments nationaux officiellement classés en Afrique du Sud, le 17 avril 1936.

L'AMANDE SAUVAGE

Le fruit du *Brabejum stellatifolium* (un arbre endémique d'Afrique du Sud, proche du Macadamia d'Australie) présente une ressemblance avec celui de l'amandier (*Prunus dulcis*, originaire du bassin méditerranéen), si bien qu'on le désigne souvent sous le nom d' « amande amère » ou d' « amande sauvage ». Il est pourtant toxique, et, dès 1655, la mort d'un homme a été imputée à sa consommation. Les « amandes amères » constituaient pourtant un aliment courant chez les Khoïkhoï, qui avaient trouvé le moyen de les rendre comestibles en les faisant tremper, bouillir puis rôtir.

THE ENDEMIC PROJECT

19

Rhodes Drive
Constantia

Un fascinant spectacle nocturne

En roulant vers Hout Bay de nuit, on remarque un étrange phénomène. Sur le bord de l'obscure route forestière qui relie les Jardins botaniques de Kirstenbosch au rond-point de Constantia Nek, une énigmatique inscription se détache soudain dans la lumière des phares : « *once upon a time* » (« il était une fois »). Suit alors, au fil des kilomètres, une sarabande d'animaux lumineux : papillons, grenouilles, souimangas, antilopes et tortues.

Cet étonnant spectacle est l'œuvre du cinéaste et artiste local Bryan Little. Lassé de réaliser des vidéos conventionnelles, Little a souhaité expérimenter une manière innovante et futuriste de raconter des histoires. Cette création, qui s'intitule *The Endemic Project* (littéralement : « le Projet endémique ») a pour ambition d'immerger le spectateur dans un film d'un genre inédit : se passant de caméra, l'artiste a décidé d'utiliser le mouvement du véhicule pour organiser son récit. Selon les mots de Little, il s'agit de « transformer les

voitures en vaisseaux spatiaux, pour entraîner les spectateurs dans un voyage à la découverte du fond de leur jardin. »

Constituées de ruban réflecteur collé sur des fonds sombres, ces « peintures de lumière » représentent des espèces endémiques du Cap-Occidental qui ont aujourd'hui disparu de la banlieue sud de la ville. La bande-son, qui mêle les cris des animaux à une musique atmosphérique, a été réalisée par le compositeur Simon Kohle.

COMMENT PROFITER DU SPECTACLE ?

Vous aurez besoin d'activer le GPS sur votre smartphone, et d'y installer l'application gratuite « VoiceMap : Audio Walking Tours » depuis l'iTunes Store ou Google Play. Recherchez « The Endemic Project » dans la section consacrée au Cap, et téléchargez la bande-son. Connectez ensuite votre smartphone au système audio de votre voiture.

Avant de partir, ouvrez *The Endemic Project* dans l'application et appuyez sur « START ». Dans le menu « Start route », sélectionnez « YES » et écoutez les instructions. Laissez l'application ouverte et passez devant l'entrée des Jardins de Kirstenbosch en direction de Hout Bay. Avancez jusqu'au prochain carrefour et tournez à droite. La bande-son commencera automatiquement. Le parcours est de cinq kilomètres et la visite dure six minutes environ. Pour en profiter dans les meilleures conditions, ne partez pas avant la tombée de la nuit, et roulez à la vitesse de 50 km/h.

LES JARDINS DE STELLENBERG

20

Stellenberg Gardens
30, Oak Avenue, Kenilworth
• Tél. 021 761 2948 • stellenberggardens.co.za
• Visites sur rendez-vous, ou lors des journées « portes ouvertes » (généralement le premier week-end de novembre)

« Le plus beau jardin privé du Cap

Situé dans la banlieue huppée de Kenilworth, l'ancien domaine de Stellenberg comporte une maison généralement considérée par les historiens locaux comme la plus belle de la péninsule du Cap. Ce sont cependant ses jardins, aménagés depuis la fin des années 1980 par leurs propriétaires, Sandy et Andrew Ovenstone, qui attirent les visiteurs.

Cet espace enchanteur, planté de chênes centenaires et de hauts peupliers, a été divisé en douze sections thématiques, délimitées en fonction de la topographie des lieux et des murs anciens qui s'y trouvaient à l'origine. De chacun de ces jardins émane une ambiance particulière, mais tous ont été conçus de manière à apporter aux promeneurs un sentiment de calme et de sérénité.

C'est en 1973 que Sandy Ovenstone s'est installée à Stellenberg. Elle a alors commencé à nourrir une passion grandissante pour le jardinage, en visitant de célèbres jardins anglais (notamment ceux du château de Sissinghurst, dans le comté du Kent, et du manoir de Hidcote, dans celui du Gloucestershire) et locaux (tel que celui de Babylonstoren). En 1987, avec le concours des architectes d'intérieur Graham Viney et Gary Searle, elle a créé son premier jardin à Stellenberg, le « Jardin des Plantes aromatiques », en forme de croix de saint André.

Quelques années plus tard, le célèbre décorateur David Hicks l'a aidée à transformer le court de tennis du domaine en jardin clos. À l'origine, celui-ci était planté de rosiers, mais, au fil du temps, Sandy Ovenstone s'est inspirée de styles plus contemporains : elle a donc modifié l'agencement de cet espace, pour y mettre en valeur un ensemble de plantes spectaculaires, encadrées de haies de myrte.

Par ailleurs, la spécialiste sud-africaine Franchesca Watson a joué un rôle important dans la conception du « Jardin médiéval » de Stellenberg (doté d'une fontaine en granit de Paarl, et planté de fruits, de légumes et d'herbes médicinales), ainsi que du « Jardin de Réflexion » (comprenant trois bassins cernés de hautes haies). Le travail de Watson s'est également étendu au « Jardin du Ruisseau », qui rend hommage à la source dont la présence aurait déterminé l'emplacement de la première ferme implantée sur le domaine au XVIIIe siècle.

Parmi les autres sections thématiques, on remarque le « Jardin sauvage » (une jungle ombragée, constituée de plantes africaines), le « Jardin de la Piscine » (cerné de plantes à fleurs bleues et pourpres, mettant en valeur la couleur turquoise de la piscine), et le « Jardin blanc » (où poussent différentes sortes de fleurs blanches).

pmac
mmp

LE CENTRE AQUATIQUE DE LA BASE MILITAIRE DE WYNBERG

21

Au coin de Scoble Road et de Buren Road, Wynberg Military Base, Wynberg
• Horaires d'ouverture : tous les jours de 10 h à 15 h

Une piscine chauffée sur une base militaire

Pendant la saison hivernale, peu de piscines publiques demeurent ouvertes au Cap : outre celle des Long Street Baths, dont l'eau est chauffée, mais qui est souvent très fréquentée et dont l'hygiène est parfois douteuse, un autre établissement, quasiment inconnu des Captoniens eux-mêmes, n'impose aucun abonnement à ceux qui viennent y nager.

Étonnamment, cette piscine se trouve dans l'enceinte de la base militaire de Wynberg. Géré par une école appelée « Swimlab », le « Centre aquatique militaire de Wynberg » (*Wynberg Military Aquatic Centre*) dispose d'un bassin couvert chauffé à la température de 24°C, long de 25 mètres et pourvu de quatre lignes d'eau. Bien que les visiteurs extérieurs à la base y soient les bienvenus, et puissent y disposer de vestiaires sommaires et de douches, ce centre sportif demeure si méconnu qu'il est généralement désert : lors de notre visite des lieux, nous n'y avons rencontré qu'une seule personne, le nageur olympique sud-africain Darren Murray, venu s'entraîner loin de la foule des curieux.

L'accès à cette piscine offre également un excellent prétexte pour partir à la découverte de la base de Wynberg, qui constitue, après le château de Bonne-Espérance, le plus ancien établissement militaire d'Afrique du Sud. Bien que la plupart des bâtiments originaux, datant de 1797, aient été rasés, on peut encore y admirer le mess des officiers, construit en 1888 dans le style victorien. Celui-ci a été classé Monument national en 1969.

UNE AUTRE PISCINE PUBLIQUE MÉCONNUE

Ouverte tous les jours de 10h à 17h de la mi-octobre à mars, la piscine publique de Trafalgar Park, toute proche de Searle Street, dans le quartier de Woodstock, est largement méconnue des habitants du Cap. Son bassin, long de 48 mètres, offre un point de vue splendide sur le Devil's Peak et la Montagne de la Table. Il est entouré d'un joli parc planté de palmiers, et dispose d'une pataugeoire. Pendant les week-ends et les vacances scolaires, les enfants du quartier y viennent nombreux. Cependant, au cours de la semaine, cette piscine est généralement déserte, et vous n'y croiserez probablement que le maître-nageur.

ORANGE KLOOF

22

Constantia Nek, Hout Bay
• Tél. 021 422 1601 (gestionnaire de la zone de SanParks)
• Accessible uniquement sur autorisation, et avec un guide accrédité

> **« *La plus belle et la plus exclusive des randonnées sur la Montagne de la Table* »**

Du parking situé au sommet de Constantia Nek débutent deux chemins de randonnée qui conduisent à la Montagne de la Table. Cependant, alors que celui de droite est librement accessible, la piste qui s'amorce du côté gauche est fermée aux promeneurs ne disposant pas d'une autorisation spéciale.

Comme un panneau le précise, Orange Kloof demeure une zone naturelle protégée. Seules douze personnes ont le privilège de pénétrer chaque jour dans cette vallée luxuriante et isolée. De plus, les visiteurs ayant reçu une autorisation doivent impérativement être accompagnés d'un guide accrédité ou d'un membre du *Mountain Club of South Africa* (MCSA).

Plusieurs sentiers de randonnée sillonnent cette vallée, le plus souvent emprunté étant le Disa River Trail, qui longe la rivière Disa au fond d'une gorge ombragée, et mène à une belle cascade appelée *Hell's Gate* (« la Porte de l'Enfer »).

Deux autres sentiers (*Intake Ravine et Frustration Gorge*) conduisent à la chaîne montagneuse des Douze Apôtres et au pic de Grootkop. Le nom de *Frustration Gorge* date des années 1930 : à cette époque, les membres de la MCSA qui avaient entrepris d'aménager ce chemin ont échoué à 6 mètres à peine du sommet. Confrontés à une paroi infranchissable, ils ont dû abandonner leur projet, et en demeurèrent frustrés… Depuis lors, ce sentier a été achevé, mais il est rarement emprunté de nos jours. Si vous décidez de vous y risquer, assurez-vous d'être accompagné d'un guide chevronné.

Par la beauté de ses paysages et son caractère sauvage parfaitement préservé, la randonnée d'Orange Kloof constitue l'une des plus inoubliables de la Montagne de la Table.

AUX ALENTOURS :

MYBURGH'S WATERFALL RAVINE

Si les conditions d'accès à Orange Kloof vous paraissent trop contraignantes, sachez que le Myburgh's Waterfall Ravine, accessible par un sentier partant de Farrier's Way à Hout Bay, offre aux randonneurs une expérience similaire. Ce chemin très peu fréquenté serpente au fond d'un ravin sauvage jusqu'à une magnifique cascade, et l'endroit est idéal pour admirer la *Disa uniflora*. Cette variété d'orchidée rouge, qui fleurit entre janvier et mars, est rare et strictement protégée. Les falaises fraîches et humides qui encadrent la cascade constituent son habitat privilégié.

DE HEL

23

Entrée sur Southern Cross Drive, près de son intersection avec Monterey Drive
• Ouvert du lever au coucher du soleil
• Les lieux sont généralement déserts : par mesure de prudence, il convient de ne pas s'y aventurer seul

Le joyau des espaces verts de Constantia

Un réseau de neuf sentiers de randonnée, désignés sous le nom de *Green Belt* (« Ceinture verte »), sillonne le quartier cossu de Constantia. Mais, bien qu'une partie de ces chemins, traversant des prairies, des ruisseaux et des forêts ombragées, soient bien connus des résidents, certains d'entre eux sont très peu fréquentés. C'est le cas, notamment, d'une luxuriante vallée appelée *De Hel*, située sur les pentes que surplombe Constantia Nek.

Dès 1714, la Compagnie néerlandaise des Indes orientales (VOC) y avait implanté un *buitepost* (poste avancé), nommé *Wittebomen post*. La rivière descendant de la montagne avait en outre permis d'y aménager des vergers et des jardins, et cette vallée arborée était alors l'un des quatre sites sur lesquels la VOC prélevait le bois nécessaire à la construction et à la réparation des navires.

Il est probable que certains circuits migratoires des pasteurs khoïkhoï traversaient ces lieux, et l'on soupçonne que certaines de leurs sépultures se trouvent encore dans la vallée. De Hel constitua également un refuge pour les esclaves en fuite. En raison de sa riche histoire, cette zone de 21 hectares a été classée Site du Patrimoine provincial en 2012.

Pour admirer les richesses de cet espace, mieux vaut s'écarter du chemin carrossable par l'un des deux sentiers, à peine visibles, qui descendent dans la vallée : on y découvre une véritable jungle subtropicale, faite d'arbres, de vignes, de fougères et d'impatiens géants, qui témoignent encore de l'aspect originel des lieux. En contrebas se trouve *The Meadow* (« La Prairie »), un terrain plat sur lequel les bûcherons avaient jadis installé leurs habitations. Certains arbres fruitiers et certaines plantes, autrefois cultivés, y sont encore visibles parmi les végétaux sauvages.

En outre, De Hel héberge quelques-unes des espèces d'oiseaux les plus rares et les plus difficiles à observer au Cap. Ainsi, la bouscarle de Knysna, qui se reproduit dans la végétation dense bordant les ruisseaux, se reconnait à son cri particulier, et peut parfois être distinguée dans les fourrés. À la nuit tombante, on entend également les chants du râle ponctué (*Sarothrura elegans*), de la chouette africaine, du grand-duc africain et de l'engoulevent musicien. Les loutres à joues blanches du Cap et le crapaud *Amietophrynus pantherinus* habitent aussi ces lieux.

De Hel n'a pas de rapport avec The Hell (« L'Enfer », en anglais). Il s'agit d'une abréviation de De Hellen, « La Pente » en néerlandais.

LE PORTRAIT DU DOCTEUR BARRY

24

Alphen Boutique Hotel
Alphen Drive, Constantia

Une femme déguisée en homme pendant 56 ans

Parmi les toiles exposées dans l'une des salles à manger de l'hôtel Alphen, un tableau, représentant un homme aux cheveux roux portant l'uniforme de l'armée britannique, dénote par sa facture médiocre. L'intérêt de cette œuvre maladroite tient au personnage qui y est figuré, car il s'agit d'un des rares portraits connus de l'énigmatique et extraordinaire Dr James Barry.

C'est en 1817 que le Dr Barry est arrivé au Cap, pour y occuper un poste de chirurgien-chef à la garnison britannique. Alors âgé de 28 ans, Barry avait été diplômé de l'Université d'Édimbourg cinq ans plus tôt, et s'était engagé dans l'armée britannique. Ce praticien de petite taille, à la voix étonnamment aiguë, se distingua rapidement par sa compétence et son mauvais caractère.

Il fut notamment l'un des premiers chirurgiens à pratiquer une césarienne avec succès, la mère et l'enfant ayant survécu à l'opération. Nommé James Barry Munnik, cet enfant devint plus tard le parrain de James Barry Munnik Hertzog, le troisième Premier ministre de l'Union sud-africaine. Par ailleurs, Barry s'est impliqué dans le système de distribution d'eau du Cap, l'amélioration des soins médicaux pour les lépreux et les prisonniers, ainsi que la mise en place de protocoles sanitaires dans les hôpitaux.

En dépit de ses qualités, Barry était bien connu pour son caractère irascible : on raconte que, lorsqu'un ecclésiastique souffrant d'une rage de dents le fit chercher, il lui envoya un maréchal-ferrant, à qui il indiqua qu'« il y avait un âne qui avait besoin qu'on lui arrache une dent ». Plus tard, en Crimée, il fut si désagréable envers Florence Nightingale qu'elle le qualifia de « créature la plus endurcie que j'aie jamais rencontrée. »

Le Dr Barry travailla au Cap jusqu'en 1828, et mourut de dysenterie à Londres en 1865. Cependant, l'aspect le plus surprenant du médecin n'a été découvert qu'après sa mort : en faisant sa toilette mortuaire, on constata qu'il s'agissait, en réalité, d'une femme. Lorsque cette nouvelle parvint aux autorités, le corps de Barry avait déjà été inhumé et l'armée, souhaitant éviter le scandale, scella pour 100 ans les archives concernant cette affaire.

Ce n'est que très récemment qu'un chercheur a découvert des documents montrant que le Dr Barry s'appelait en réalité Margaret Anne Bulkley, et qu'elle était née en 1789. Ayant décidé d'étudier la médecine (ce qui, jusqu'en 1876, resta interdit aux femmes de Grande-Bretagne), elle s'était déguisée en homme à partir de 1809, et avait gardé son secret pendant 56 ans.

LE *KRAMAT* DE KLEIN CONSTANTIA

25

Klein Constantia Road, Constantia
• Les visiteurs de toutes confessions sont les bienvenus, mais doivent se couvrir la tête, se déchausser et s'asseoir ou se tenir respectueusement, en faisant face au tombeau
• Ouvert jour et nuit, toute l'année

« *Le sanctuaire perdu d'un saint musulman en exil*

À droite de l'entrée du domaine viticole de Klein Constantia, une longue et étroite allée conduit à un monument évoquant une petite mosquée : il s'agit du *kramat* (sanctuaire musulman aux vertus mystiques) du cheikh Abdurahman Matebe Shah, un Malais qui fut le dernier sultan de Malacca.

Lorsque les Hollandais conquirent Sumatra, la Compagnie néerlandaise des Indes orientales (VOC) décida de briser la résistance d'Abdurahman en le déportant à Constantia. Ainsi devint-il l'un des premiers exilés politiques du Cap. Le cheikh, cependant, était ce qu'on appelle un *hâfiz* (une personne qui connaît le Coran par cœur), et il aurait aussitôt commencé à enseigner l'islam aux esclaves de la ville.

Parvenu au Cap en 1668, Abdurahman serait mort entre 1681 et 1685. Selon la légende rapportée par le gardien du sanctuaire, le corps de l'ancien sultan aurait été perdu pendant plus d'un siècle, ce qui constituait une tragédie pour la communauté islamique, car les dépouilles des saints musulmans sont censées posséder des pouvoirs sacrés.

On raconte néanmoins qu'un beau jour, alors que le propriétaire d'une ferme avait ordonné à ses ouvriers de labourer le terrain sur lequel se trouve aujourd'hui le *kramat*, un monticule de terre n'aurait cessé de s'élever au-dessus du sol, en dépit des efforts des laboureurs. On y aurait finalement mis au jour les restes d'Abdurahman. La communauté musulmane, informée de la découverte, aurait demandé au propriétaire du terrain de lui accorder un accès au site, ce qu'il aurait refusé. Une série de malheurs se serait alors abattue sur lui, jusqu'à ce qu'il cède son domaine à un nouveau propriétaire qui aurait enfin accédé à la requête des musulmans.

Une modeste cabane de bois fut d'abord construite sur les lieux. Elle a plus tard été remplacée par le bâtiment actuel, avec son toit vert en forme de dôme. Celui-ci a été conçu par Gawie Fagan, l'un des principaux architectes du Cap, et bâti par la *Cape Mazaar Society*.

UNE PROPHÉTIE VIEILLE DE 250 ANS

Selon la légende, la zone entourant un kramat serait magiquement épargnée par les catastrophes, notamment les incendies et les inondations. De plus, une prophétie vieille d'environ 250 ans raconte que les musulmans du Cap seraient protégés par un « cercle de *kramats* ». D'après les croyances locales, ce cercle serait désormais reconstitué.

DIE OOG

26

Au coin de Lakewood Avenue et de Midwood Avenue, Bergvliet
• Horaires d'ouverture : tous les jours de 7h à 19h

« Un microcosme de la faune du Cap et un site de reproduction pour un crapaud en voie de disparition »

Dans la banlieue calme de Bergvliet, une petite zone humide constitue l'un des rares sites de reproduction du crapaud Amietophrynus pantherinus, endémique de la province du Cap-Occidental. Cet espace, dans lequel jaillit une source (*Die Oog* signifie « L'Œil » et « La Source » en afrikaans), est cerné d'une ancienne digue construite vers 1726, lorsque la ferme de Bergvliet a été fondée.

Le conservateur du South African Museum Frederick Purcell a habité Bergvliet en 1904, et y a planté plus de 600 espèces végétales typiques du Cap. Par la suite, d'autres propriétaires du domaine ont transformé la zone enceinte par la digue en un lac décoratif, pourvu en son centre d'une île artificielle. Bien que Bergvliet ait été subdivisé en 1982 pour bâtir un lotissement, le lac et ses environs, d'une superficie de 1,2 hectare, ont été préservés par la municipalité.

En dépit de sa petite taille, cette réserve naturelle comprend quatre écosystèmes très différents, notamment une zone de « fynbos » (formation végétale naturelle caractéristique de la province du Cap-Occidental) : en été, on peut y voir fleurir des espèces rares de géophytes, qui font place en automne à des bruyères du Cap (*Erica verticillata*), éteintes à l'état sauvage.

Par ailleurs, l'île artificielle constitue un refuge pour de nombreux oiseaux d'eau : les soirs d'hiver, il n'est pas rare d'en dénombrer un millier, parmi lesquels des foulques, des poules d'eau, des hérons garde-bœufs et des ibis sacrés. *Die Oog* héberge en outre des œdicnèmes tachards, des tisserins, des pintades, des *Prinia maculosa* et des veuves dominicaines.

Dans la végétation environnante vivent quantité d'autres animaux, notamment des porcs-épics, des loutres à joues blanches du Cap, des mangoustes des marais, des tortues à soc d'Afrique du Sud et des caméléons nains. Au printemps et en été, des péloméduses roussâtres (une sous-espèce de tortue) se prélassent volontiers sur les rochers qui cernent l'île.

Cependant, c'est durant le mois d'août, froid et humide, que *Die Oog* prend véritablement vie : à partir de la fin juillet, les crapauds *Amietophrynus pantherinus*, en voie de disparition, s'y rendent par centaines pour s'y reproduire, et leurs clameurs retentissent jusqu'à la fin d'août. À la mi-septembre, le lac se remplit de têtards qui, environ un mois plus tard, deviennent de petits crapauds de la taille d'un ongle. Ils quittent *Die Oog* vers la fin de l'année, et tenteront d'y revenir lors de la prochaine saison des amours.

POLLSMOOR
MENASIE

LE RESTAURANT DE LA PRISON DE POLLSMOOR

27

Pollsmoor Maximum Security Prison
Steenberg Road, Tokai
• Horaires d'ouverture : du lundi au samedi de 7h30 à 14h
• Le restaurant ne sert pas d'alcool
• Les cartes de crédit ne sont pas acceptées

« Un restaurant ouvert au public dans une prison de haute sécurité

Bien que le restaurant de la prison de haute sécurité de Pollsmoor (récemment renommé « Idlanathi ») soit ouvert au public depuis plus d'une décennie, très peu de Captoniens connaissent son existence. Il est vrai que celui-ci ne fait guère de publicité, et demeure caché derrière les hauts murs, les barbelés et les postes de garde de l'un des établissements pénitentiaires les plus vastes et les plus célèbres du Cap (Nelson Mandela, Walter Sisulu et Alan Boesak, entre autres, y ont été incarcérés).

Pour vous y rendre, il vous suffit de vous présenter à la porte principale de la prison. Les gardes vous dirigeront alors vers le Centre de Loisirs (*Pollsmoor Recreation Centre*), où vous pourrez vous garer. Il n'est pas nécessaire de réserver à l'avance.

Le restaurant est ouvert pour le petit-déjeuner et le déjeuner. L'accueil y est extrêmement chaleureux, et l'on y propose des plats savoureux, à la fois simples et copieux (notamment des *fish & chips*, des currys, des escalopes panées et des hamburgers, ainsi que des spécialités typiquement africaines), pour des tarifs très raisonnables : un déjeuner pour deux coûte moins de R100, et les pourboires ne sont pas autorisés. Si vous ne souhaitez pas prendre place dans la salle, il est également possible de commander des plats à emporter.

« Idlanathi » signifie « manger avec nous » en zoulou. Naturellement, le fait que les cuisiniers et les serveurs soient tous des détenus peut paraître intimidant. Cependant, ceux-ci ne purgent que des peines légères : travaillant dans le cadre d'un programme de réinsertion et de formation professionnelle, ils sont sur le point d'être libérés. Vous ne serez donc pas confronté aux criminels les plus dangereux d'Afrique du Sud (notamment les membres des tristement célèbres « Numbers Gangs », particulièrement nombreux à Pollsmoor), qui sont incarcérés dans des quartiers de très haute sécurité et ne sont pas autorisés à en sortir.

Il n'est pas interdit de prendre des clichés de votre assiette, de vous-même ou de la salle du restaurant. Toutefois, pour des raisons de sécurité et de confidentialité, assurez-vous de ne photographier ni les prisonniers ni les gardiens.

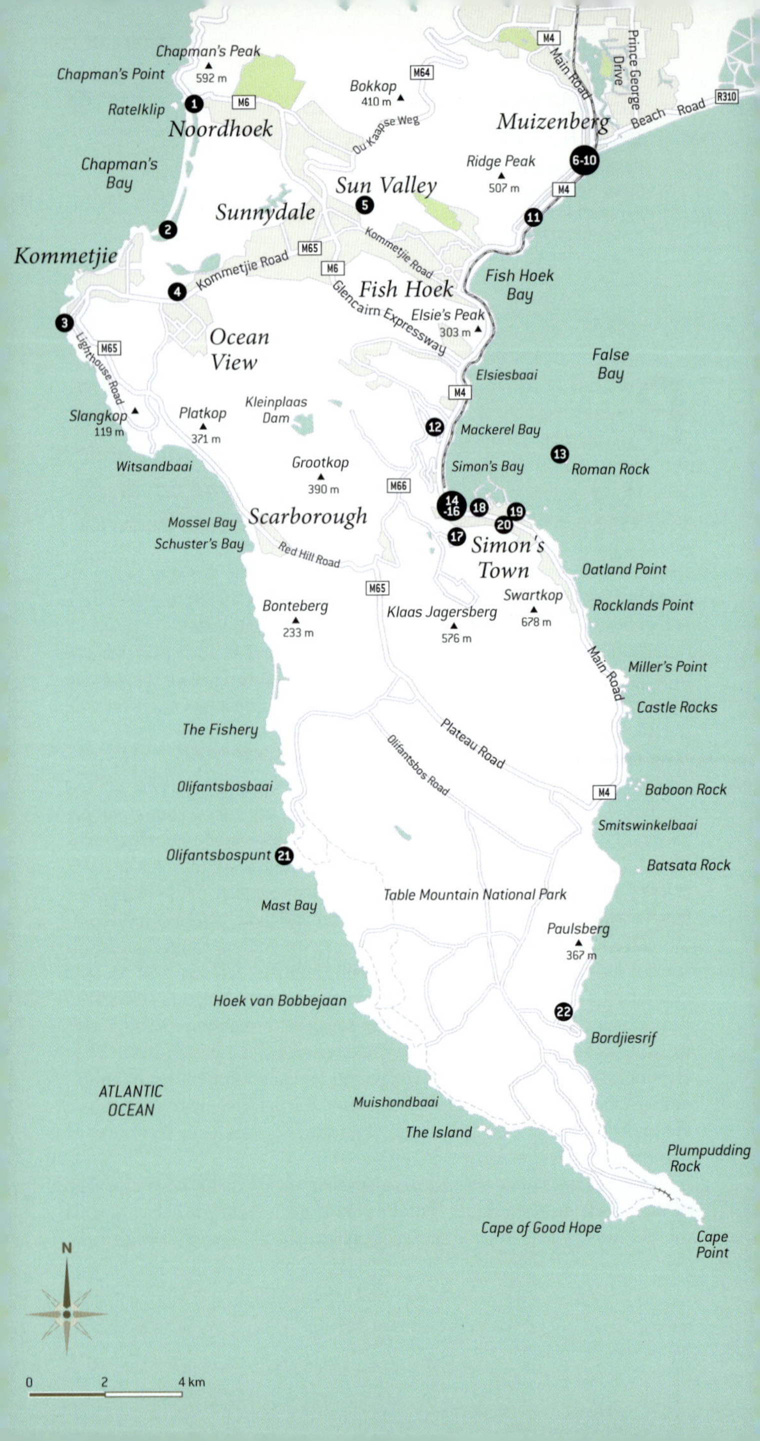
Chapman's Peak
592 m
Chapman's Point
Ratelklip
Noordhoek
M6
Bokkop
410 m
M64
M4
Main Road
Prince George Drive
Beach Road
R310
Ou Kaapse Weg
Muizenberg
Chapman's Bay
Ridge Peak
507 m
Sun Valley
M4
Sunnydale
Kommetjie
M65
Kommetjie Road
M6
Kommetjie Road
Fish Hoek
Fish Hoek Bay
Glencairn Expressway
Elsie's Peak
303 m
Ocean View
Lighthouse Road
M65
False Bay
Elsiesbaai
M4
Kleinplaas Dam
Slangkop
119 m
Platkop
371 m
Mackerel Bay
Witsandbaai
Grootkop
390 m
Simon's Bay
Roman Rock
M66
Scarborough
Mossel Bay
Schuster's Bay
Simon's Town
Red Hill Road
Oatland Point
M65
Bonteberg
233 m
Klaas Jagersberg
576 m
Swartkop
678 m
Rocklands Point
Main Road
Miller's Point
Castle Rocks
The Fishery
Plateau Road
Olifantsbos Road
Olifantsbosbaai
M4
Baboon Rock
Smitswinkelbaai
Olifantsbospunt
Batsata Rock
Table Mountain National Park
Mast Bay
Paulsberg
367 m
Hoek van Bobbejaan
Bordjiesrif
ATLANTIC OCEAN
Muishondbaai
The Island
Plumpudding Rock
Cape of Good Hope
Cape Point
N
0
2
4 km

PÉNINSULE MÉRIDIONALE

FORÊT DE « MILKWOODS » ❶

Noordhoek
• Tél. 021 789 8000
• Une grande partie de la forêt se trouve sur les terres occupées par le Monkey Valley Resort
• Ouvert au public

> **Un bosquet âgé de quatre siècles**

À l'extrémité nord de Long Beach, au bas du Chapman's Peak, se trouve un bosquet de milkwoods (littéralement : « bois de lait », *Sideroxylon inerme*, voir page 125) remarquable par son âge : on estime que le système racinaire de ces végétaux, dont certains spécimens sont vieux de 400 ans, existe depuis deux millénaires. Relativement protégés du *South Easter* (un vent violent qui souffle sur le Cap du printemps à la fin de l'été), ces feuillus endémiques à l'Afrique méridionale ont atteint des dimensions impressionnantes.

Ces arbres côtiers à croissance lente arborent un feuillage dense, des baies noires et de petites fleurs blanches. Les promoteurs ayant détruit de vastes forêts de Sideroxylons, ce bois est désormais considéré comme précieux.

La partie la plus remarquable de ce bosquet se trouve dans le Monkey Valley Resort, construit sur le domaine d'une ancienne ferme.

Afin de mettre en valeur ce patrimoine végétal, le plan de ce lieu de villégiature a été conçu de manière à s'intégrer au bosquet existant : les chalets, constitués de rondins et coiffés de toits de chaume, ont été harmonieusement répartis entre les arbres.

Le milkwood est un végétal particulièrement humide et, pour cette raison, résiste très bien au feu. Ses forêts constituent donc des protections naturelles contre les incendies, et l'on remarque que, bien que les flammes aient régulièrement ravagé Chapman's Peak et Noordhoek ces dernières années, le bosquet du Monkey Valley Resort est demeuré intact.

Le *Sideroxylon inerme* est également connu pour son caractère « sociable » : cet arbre n'apprécie pas la solitude, et un spécimen privé de la compagnie de ses semblables ne survit généralement pas. Cette particularité tient probablement à la fragilité de son système racinaire, qui peut être endommagé lorsque les milkwoods voisins sont abattus.

Avant que les promoteurs n'atteignent Noordhoek, cette forêt s'étendait jusqu'au parking de la plage, et il était alors possible de se garer à l'ombre des vieux arbres. Cependant, dans les années 1980, une société immobilière basée à Johannesburg a acquis le terrain et a entrepris de raser les *milkwoods* au bulldozer. Trois mois durant, les résidents de Noordhoek, consternés, ont ainsi vu disparaître la majeure partie de leur forêt. Fort heureusement, ce projet a été abandonné avant qu'il ne détruise le bosquet du Monkey Valley Resort.

L'ÉPAVE DU SS *KAKAPO*

2

Long Beach, Kommetjie
• Accès : deux itinéraires mènent à l'épave, ensablée sur la plage :
- depuis le parking de Noordhoek, marcher vers le sud le long de Noordhoek Beach (la promenade dure 1h15 environ) ;
- en partant du parking de Wireless Road Beach à Kommetjie, se diriger vers le nord (l'épave ne se trouve alors qu'à une demi-heure de marche)

« *Selon la légende, le capitaine Nicolayson serait demeuré trois ans sur l'épave de son navire* »

Le naufrage du SS *Kakapo*, échoué sur la plage de Long Beach en 1900, a donné naissance à une étonnante légende. Quelques vestiges du navire sont encore visibles, et méritent assurément une visite.

Le SS *Kakapo* (ainsi nommé en référence au Strigops kakapo, une espèce nocturne de grands perroquets endémique en Nouvelle-Zélande et menacée de disparition), était un bateau à vapeur de 1 093 tonnes, construit à Grangemouth (Écosse) en 1898. Acquis en 1900 par l'*Union Steam Ship Company of New Zealand*, ce bâtiment quitta la Grande-Bretagne pour l'Australie sous le commandement du capitaine danois Niels Nicolayson.

Le 25 mai 1900, le SS *Kakapo* fit halte au Cap pour se ravitailler en charbon et reprit la mer l'après-midi même. En dépit d'une tempête qui se levait au nord-ouest, le capitaine choisit de poursuivre sa route, poussant son navire à sa vitesse maximale de 9 nœuds. Cependant, les éléments ne tardèrent pas à se déchaîner. La pluie battante, les embruns et la forte houle ayant considérablement réduit la visibilité, l'officier de quart confondit Chapman's Peak avec Cape Point et ordonna de mettre le cap à l'est… À 6h20, le SS *Kakapo* s'échoua au nord de l'embouchure du Wildevogelvlei. Le vent et les vagues poussèrent alors le navire sur la plage, où il s'ensabla.

Deux membres d'équipage descendirent à terre et atteignirent la ferme de Brakkloof pour donner l'alerte, ce qui permit de secourir leurs camarades. La semaine suivante, un remorqueur tenta de tirer le SS Kakapo jusqu'à la mer, sans succès. Le capitaine Nicolayson, quant à lui, décida de rester à bord, refusant de rencontrer les touristes et les journalistes qui se pressaient autour du navire ensablé. Personne n'étant autorisé à monter à bord, Nicolayson ne communiquait qu'au moyen de messages placés dans des bouteilles suspendues à une corde. La légende assure qu'il serait demeuré sur le SS *Kakapo* pendant trois ans. Une photographie de l'époque montre de la fumée s'élevant de la cheminée, alors que les dunes de sable s'étaient lentement accumulées autour de l'épave. Selon d'autres sources, ce ne serait pas le capitaine, mais un vagabond qui se serait installé dans le navire échoué.

La chaudière, le gouvernail et des éléments de la coque dépassent encore du sable, et l'épave apparaît dans le film de David Lean *La Fille de Ryan (Ryan's Daughter*, 1970), primé aux Oscars.

LE PHARE DE SLANGKOP

3

Lighthouse Road, Kommetjie
• Tél. 021 783 1717
• Horaires d'ouverture : tous les jours de 10h à 15h

Le phare le plus haut d'Afrique du Sud

Culminant à 33 mètres de hauteur, le phare de Slangkop constitue la plus haute structure de ce type sur la côte sud-africaine. Cette élégante tour circulaire, implantée sur les rochers de Kommetjie, est flanquée de plusieurs bâtiments administratifs, ainsi que de générateurs Diesel qui actionnent une lanterne rotative émettant quatre signaux toutes les 30 secondes. Sa portée est de 33 milles nautiques.

Au pied de la tour se trouve un intéressant petit musée consacré aux phares. Il est également possible d'emprunter l'escalier en colimaçon menant au sommet du phare et, si le vent n'est pas trop violent, de s'aventurer sur la coursive pour y jouir d'une vue saisissante sur Kommetjie.

Cette structure a été bâtie selon les préconisations de la Commission des Phares, nommée en 1906 par le gouverneur du Cap Sir Francis Hely-Hutchinson afin d'améliorer les conditions de navigation. La Commission avait en effet déterminé que Slangkop constituait l'emplacement idéal pour la

construction d'un nouveau phare : de nombreux naufrages s'étaient produits entre la baie de la Table et Cape Point, car les navires quittant Le Cap perdaient rapidement de vue le phare de Robben Island et devaient franchir Duiker Point avant d'apercevoir les signaux de Cape Point Light, qui se perdaient souvent dans la brume. Pour prévenir cet inconvénient, la Commission avait également recommandé d'implanter le nouveau phare sur la côte, plutôt que sur la colline.

En 1913, W.T. Douglas, ingénieur-conseil auprès du haut-commissaire de l'Union, a coordonné les travaux, et la tour a été édifiée en empilant des tronçons en fonte pesant 500 kg chacun.

À l'origine, il était prévu que la date de 1914 soit inscrite sur le linteau de la porte du phare. La Première Guerre mondiale, cependant, retarda la mise en service de l'installation, qui ne put fonctionner qu'à partir du 4 mars 1919. En 1936, une lampe électrique de 4 kW y a été installée, portant l'intensité lumineuse du phare à 16 750 000 cd (depuis lors, cet équipement a été remplacé, et sa puissance est aujourd'hui légèrement inférieure).

Proche de la civilisation et situé dans un cadre agréable, Slangkop a hébergé plusieurs familles de gardiens de phare. Bien que son fonctionnement soit désormais entièrement automatisé, l'installation est toujours dotée de personnel, qui se charge de la sécurité et de l'accueil des visiteurs.

LA FERME D'IMHOFF

4

• Tél. 021 783 4545
• Accès : en roulant vers le sud en direction de Kommetjie sur Kommetjie Road (M65), la Ferme d'Imhoff (Imhoff's Farm) se trouve à hauteur des feux de signalisation (Milky Way), en face de l'entrée de Ocean View

Une ferme offerte à une femme méritante

Située à proximité de la route principale menant à Kommetjie, la Ferme d'Imhoff comprend un ensemble de constructions de style hollandais. Le bâtiment principal possède des fenêtres à guillotine ainsi qu'une pergola chargée de vigne, et abrite un restaurant. La propriété dispose également d'un espace destiné aux enfants, et d'autres structures anciennes (écuries, silo, forge et quartiers réservés aux esclaves) sont aujourd'hui occupées par des artistes, des magasins de meubles, d'artisanat et d'alimentation.

L'histoire de la Ferme d'Imhoff ne manque pas d'intérêt. Au cours des premières années de la colonie du Cap, les navires ancrés dans la Baie de la Table subissaient les assauts des vents violents qui, pendant l'hiver, soufflent du nord-ouest, et de nombreux vaisseaux étaient précipités contre les récifs.

Dès 1741, les directeurs de la Compagnie hollandaise des Indes orientales (VOC) constatèrent que Simon's Bay pouvait constituer un lieu de mouillage beaucoup plus sûr. Toutefois, cette baie étant relativement éloignée du Cap, il paraissait difficile d'envisager le ravitaillement d'une flotte en ces lieux.

Ce ne fut qu'en 1743 que le baron Gustav Wilhelm van Imhoff, commissaire extraordinaire au Cap, ordonna l'aménagement de domaines agricoles dans les vallées de Fish Hoek et Noordhoek, afin de subvenir aux besoins des marins à Simon's Bay. Frederick Rosseau, propriétaire de la ferme Zwaansweide, fut l'un des exploitants chargés d'approvisionner les navires. Après sa mort, sa femme Christina a poursuivi son œuvre avec tant de succès que van Imhoff lui a fait don d'un domaine proche de Slangkop. L'endroit fut alors désigné sous le nom de *Imhoff's Gift* (le « Cadeau d'Imhoff »). En 1815, la Ferme d'Imhoff devint la propriété de Pierre Rocher, qui l'agrandit en y incluant les marais salants de Chapman's Bay. Plus tard au XIXe siècle, le domaine fut subdivisé et une parcelle, aujourd'hui appelée Ocean View fut vendue à Albert de Villiers (celle-ci, ainsi qu'une partie du *Imhoff's Gift*, a été réquisitionnée en 1966 pour créer une banlieue réservée aux « personnes de couleur »). Enfin, en 1912, Johannes van der Horst a acquis la Ferme qui, depuis, est restée propriété de sa famille.

Le *Imhoff's Gift* a été gravement endommagé par un feu de brousse en 1958. À l'entrée, deux figures de proue en bois, récupérées sur des épaves, ont alors été détruites.

LA GROTTE PEERS

5

Silvermine Nature Reserve
Parc national de la Montagne de la Table
• Accès : pour atteindre la grotte, emprunter Ou Kaapse Weg en direction de Fish Hoek. Dépasser l'embranchement vers Noordhoek et se garer sur le parking situé à gauche, à l'endroit où la route bifurque vers la droite. Suivre alors le chemin menant au sommet de la petite colline et prendre à droite, contre la falaise. Cette promenade prend environ 30 minutes.
• L'endroit n'est pas sûr : il est préférable de s'y rendre en groupe et de ne pas emporter d'objets de valeur

« Une grotte préhistorique saccagée pendant des décennies »

En 1927, deux amateurs d'archéologie, Victor Peers et son fils Bertie, ont découvert par hasard quelques outils lithiques dans un abri nommé Skildergat, surplombant les dunes de Fish Hoek. Encouragés par John Goodwin, un archéologue de l'Université du Cap qui avait déjà réalisé un rapide sondage du site en 1925, les Peers se sont attelés à déblayer les lieux en utilisant tous les moyens : pelles, pioches et même dynamite.

En dépit de leurs méthodes peu orthodoxes, ils remarquèrent, près de la surface, un dépôt de coquillages indiquant que le niveau de la mer avait jadis été plus élevé. En creusant plus profondément, ils mirent au jour huit squelettes humains. Un neuvième squelette, celui d'un homme âgé d'une trentaine d'années et grand d'1,57 mètre, devint une célébrité locale, car on supposa que l'« Homme de Fish Hoek » (*Fish Hoek Man*) constituait un rarissime spécimen datant du « *Middle Stone Age* » (une période correspondant à peu près au Paléolithique moyen européen).

Toutefois, faute de méthode, les Peers avaient mélangé les couches archéologiques, et des recherches menées dans les années 1990 ont fini par démontrer que le *Fish Hoek Man* avait vécu bien plus tard qu'on l'avait cru initialement : datant de 12 000 ans av. J.C., son squelette remonte en fait au « *Later Stone Age* ».

Quant à la grotte elle-même, elle ne fit l'objet d'aucune protection : son contenu a donc été pillé, et de nombreux visiteurs y ont laissé leurs graffitis. Miraculeusement, quelques peintures rupestres - les seules que l'on connaisse dans un rayon de 100 kilomètres autour de la grotte - ont survécu : parmi les inscriptions contemporaines, on distingue encore des motifs constitués de points jaunes et bruns, de lignes et d'empreintes de mains.

AUX ALENTOURS :

THE FISH HOEK MUSEUM

• Horaires d'ouverture : du mardi au samedi de 9h30 à 12h30

L'une des trois salles du petit musée de Fish Hoek est consacrée à la Grotte Peers. On y découvre des photographies des fouilles, ainsi que quelques outils lithiques (l'« Homme de Fish Hoek » se trouve au Musée sud-africain).

HET POSTHUYS MUSEUM

6

Entre la gare de Muizenberg et le SAPS Museum
Main Road, Muizenberg
• Tél. 021-788-7972

« *L'un des plus anciens bâtiments coloniaux conservés en Afrique du Sud* »

Situé entre la gare de Muizenberg et le SAPS Museum, le poste d'observation militaire nommé « Het Posthuys » (« La Maison de Poste » en néerlandais) a été construit en 1673 par la Compagnie hollandaise des Indes Orientales (VOC) afin de surveiller False Bay. De nos jours, cette structure est considérée comme l'un des plus anciens bâtiments coloniaux conservés en Afrique du Sud.

À partir de 1979, la compagnie minière *Anglo-American* a entrepris, avec le concours d'historiens et d'archéologues supervisés par l'architecte de la ville Dirk Visser, de fouiller les lieux : de nombreux objets y ont été découverts, dont une pièce de monnaie frappée en Hollande en 1680 et un mousquet à silex.

Le projet de restauration qui a suivi ces travaux visait à rendre au bâtiment son apparence du XVIIe siècle : tous les ajouts postérieurs à cette époque ont donc été supprimés, et plusieurs éléments ont été reconstruits (notamment le toit, les portes et les fenêtres).

Pendant plus d'un siècle, « Het Posthuys » a fait partie d'une série de structures défensives hollandaises, dont la majeure partie a été détruite par les canons anglais en 1795, lors de la bataille de Muizenberg (un boulet a d'ailleurs été découvert sous la route passant devant « La Maison de Poste »).

Jusqu'en 1814, les troupes hollandaises (de 1673 à 1795, et de 1803 à 1806) et britanniques (de 1795 à 1803, puis à partir de 1806) ont maintenu une présence militaire sur ce site d'importance stratégique.

« Het Posthuys » a ensuite servi d'habitation au sergent chargé de surveiller les bagnards condamnés à la construction des routes, qui étaient logés dans les baraquements voisins.

Au cours des années 1840, la structure a été louée comme lieu de villégiature. Quarante ans plus tard, elle a été embellie par son locataire du moment, J.A. Stegmann de Claremont. La maison de vacances a alors pris le nom de « Stegmann's Rust ».

En 1919, les anciens baraquements, très dégradés, ont été démolis. Toutefois, « Het Posthuys » a échappé à ce sort et, en 1922, a été transformé pour héberger les troupes de l'Union Defense Force. Sept ans plus tard, le bâtiment a été vendu à W. Leon, qui y a apporté d'autres modifications avant de le revendre à la compagnie *Anglo-American* en 1969.

Classé Monument national en 1980, « Het Posthuys » abrite désormais un musée créé par la *Muizenberg Historical Conservation Society*.

LA REPRÉSENTATION DE CUPIDON À LA CASA LABIA

7

192, Main Road, Muizenberg
• Horaires d'ouverture : du mardi au dimanche de 10h à 16h ; fermé le lundi

> *Une erreur commise par l'un des peintres français les plus célèbres du XVIIIe siècle*

Dans la Casa Labia, deux tapisseries encadrent les portes de la salle de bal. Celles-ci sont l'œuvre d'un des plus fameux artistes français du style rococo, François Boucher (1703-1770). En examinant la scène de droite, on remarque que le peintre favori de Madame de Pompadour y a commis une grossière erreur.

Cette scène, intitulée « L'Offrande de l'Amour », représente Cupidon désignant une statue de lui-même qui, étonnamment, est dotée de deux pieds gauches. Si l'on ignore la véritable raison de cette maladresse, le conservateur de la Casa Labia se plaît à imaginer que Boucher, en réalisant son œuvre, a été distrait par la beauté des dames fréquentant le salon de Madame de Pompadour.

Néanmoins, les Labia ne semblent pas avoir remarqué ce détail, puisqu'ils ont fait réaliser une gravure, peinte à la main, reproduisant cette scène. La taille de cette copie, exposée dans la pièce voisine, est toutefois trop réduite pour que l'on puisse déterminer si le graveur s'est aperçu de l'erreur de Boucher, et s'il s'est efforcé de la corriger.

La Casa Labia, située entre la mer et la montagne sur la route principale reliant Muizenberg à Kalk Bay, constitue un monument particulièrement intéressant par son architecture, sa décoration et son histoire.

Son fondateur, le comte Natale Labia (1877-1936), consul d'Italie en Afrique du Sud, s'est installé à Johannesburg en 1916. Il y a épousé Ida, fille du magnat de l'industrie minière J.B. Robinson, avant de devenir le premier ministre plénipotentiaire d'Italie.

Construite entre 1929 et 1930, la Casa Labia constituait la légation italienne au Cap, et sa décoration s'inspirait largement de celle du Palazzo Labia, sur le canal vénitien de Cannaregio : la majeure partie des meubles, lustres, miroirs et œuvres d'art ont été importés de Venise.

La famille Labia possédait en effet une collection inestimable, comprenant plusieurs toiles et tapisseries réalisées par François Boucher (notamment pour la Manufacture de tapisserie de Beauvais). Conformément aux canons du style rococo, Boucher a beaucoup utilisé les couleurs pastel pour représenter des scènes pastorales, où apparaissent souvent des symboles de l'amour.

La Casa Labia abrite également les toiles de plusieurs autres maîtres, anglais et italiens, ainsi que les œuvres contemporaines d'artistes sud-africains tels que Irma Stern, Gerard Sekoto et John Muafangejo.

LA GARE DE MUIZENBERG

8

Au-dessus de Muizenberg Beach, sur la route principale

« La seule tour d'horloge en teck de la ville

Avec son élégante tour d'horloge en teck, la gare de Muizenberg constitue assurément la plus jolie station ferroviaire de la ligne reliant Le Cap à Simon's Town. Ce grand bâtiment de style édouardien, conçu par un élève de Sir Herbert Baker, est également le point de départ de la voie ferrée la plus pittoresque d'Afrique du Sud.

Cette structure en brique rouge, aux accès encadrés de grès de Kalk Bay, est dotée d'escaliers et de pavage faits de dalles extraites des carrières de Elsie's Peak, à Fish Hoek. L'espace intérieur, avec ses hauts plafonds et ses planchers en bois d'origine, transporte le visiteur à une époque où les hommes en costume noir et chapeau haut de forme prenaient le thé sur le balcon de la gare. Par ailleurs, sur la plate-forme donnant sur la mer, on remarque un canon de 9 livres britannique (vers 1760), ainsi qu'une pièce d'artillerie suédoise de 24 livres (vers 1782).

Le développement de Muizenberg au XIXe siècle a rendu nécessaire la construction d'une gare : grâce au chemin de fer, inauguré en 1883, l'accès à cette station balnéaire, considérée comme « le Brighton du Cap », s'est rapidement démocratisé, puisqu'il n'était plus nécessaire, pour s'y rendre, de posséder des chevaux et des voitures.

Le bâtiment actuel, cependant, n'est pas la station originale des années 1880, dont l'aspect était beaucoup plus simple. Elle a en effet été reconstruite au début du XXe siècle, et cette nouvelle gare a été inaugurée par le ministre des Transports, l'Honorable Henry Burton, le 7 juin 1913. Les plans originaux montrent qu'elle comprenait un guichet de réservation, des bureaux pour le chef de gare, le contremaître et les porteurs, des consignes à bagages, des vestiaires, des sanitaires et des toilettes.

Quelques années plus tard, les balustrades et les ornements des balcons, en fer forgé, ont été remplacés par des murets de brique, plus résistants aux effets corrosifs de l'air marin. À l'étage, les pièces originales ont également été transformées en logement de fonction pour le chef de gare et sa famille.

Bien que la gare de Muizenberg ait été classée Monument national en 1981, le bâtiment a continué à se détériorer pendant une décennie. Toutefois, à partir de 1991, l'ensemble des gares de banlieue a été placé sous la supervision de la société SARCC (SA *Rail Commuter Corporation*), et d'importants travaux de restauration ont été réalisés en 1992.

PLAQUE COMMÉMORATIVE DE LA BATAILLE DE MUIZENBERG

9

Petit parking en face de Bailey's Cottage
Main Road, Muizenberg

La première invasion britannique du Cap

Le 7 août 1795, des navires de guerre britanniques ont attaqué Muizenberg, où les Hollandais ne disposaient que de deux canons, installés dans un fortin perché sur la colline.

Les restes de cette fortification en terre, envahis par les herbes, se trouvent à proximité de la Casa Labia (voir page 195). De plus, à une centaine de mètres au sud de la Casa, sur la montagne située en face de Bailey's Cottage, on remarque encore les tranchées d'où les Hollandais ont tenté de repousser l'envahisseur. Enfin, au fond d'un petit parking, une plaque flanquée de deux mâts commémore la bataille.

Au cours de l'affrontement, quatre navires britanniques ont tiré 800 boulets de canon en une demi-heure. Parallèlement, les soldats anglais ont débarqué à Simon's Town et, suivant ce qui est aujourd'hui Main Road, ont attaqué le fortin par le sud.

Les Hollandais, qui ne s'attendaient pas à une attaque par la mer, avaient

disposé leurs deux canons de 24 livres pour se défendre d'une offensive terrestre. Aucun soldat n'ayant été blessé par les tirs des navires britanniques, ils ont rapidement tourné leurs pièces d'artillerie vers la flotte ennemie, réussissant à toucher un canon à bord du HMS *America* et tuant cinq membres d'équipage. Cependant, le fortin hollandais n'a pu résister longtemps : après avoir saboté leurs canons, les soldats ont dû se replier dans l'intérieur des terres.

Les deux parties se sont affrontées jusqu'au mois suivant. Le 14 septembre, des renforts britanniques étant arrivés, quelque 5 000 hommes se sont dirigés vers Le Cap. Le lendemain, la capitulation hollandaise a marqué le début de la première occupation britannique (1795-1803).

COMMENT LES BRITANNIQUES ONT PRIS LE CAP PAR SURPRISE

Jusqu'en 1795, la colonie du Cap servait de poste de ravitaillement à la flotte marchande de la Compagnie hollandaise des Indes orientales (VOC). La Hollande et la Grande-Bretagne ayant été alliées contre la France, le commissaire général du Cap, Abraham Sluysken, accueillait volontiers les navires de guerre britanniques. Il ignorait cependant les récents développements des guerres de la Révolution française : durant l'hiver 1794, la France avait envahi la Hollande, et revendiquait donc le contrôle de ses colonies. Or, si les troupes françaises avaient pris pied au Cap, les routes commerciales de la Grande-Bretagne vers les Indes orientales auraient été menacées. En n'informant pas les Hollandais du Cap de la situation en Europe, l'amiral britannique George Elphinstone a réussi à prendre la colonie par surprise.

RHODES COTTAGE MUSEUM

10

246, Main Road, Muizenberg
• Tél. 021 788 1816 (il convient de téléphoner au préalable pour s'assurer que le musée est ouvert)

> ***Le lit de mort d'un bâtisseur d'empire***

En pénétrant dans le Rhodes Cottage Museum, la première pièce sur la gauche mérite que l'on s'y attarde : c'est là que mourut l'un des hommes les plus riches et les plus puissants du monde, Cecil John Rhodes (1853-1902). La simplicité du mobilier contraste singulièrement avec le statut de son propriétaire : cette petite chambre ne contient qu'un lit métallique, une vieille carte de la Rhodésie accrochée au mur, et un portait de Rhodes, au-dessus de la cheminée.

Pendant les derniers jours de sa vie, le temps était extrêmement chaud et un trou avait été percé dans le mur (à l'endroit où la carte est suspendue) pour permettre à Rhodes de respirer plus facilement. Le reste de la maison contient différents souvenirs illustrant sa vie, notamment des photographies, des coupures de journaux et des caricatures.

Rhodes fut un homme d'affaires, un magnat de l'industrie minière et un politicien devenu Premier ministre de la colonie du Cap. Il a également été co-fondateur de la société De Beers. Fervent partisan de l'impérialisme britannique, il utilisa son influence pour coloniser les terres situées au nord du fleuve Limpopo, qu'il nomma « Rhodésie ».

C'est en 1899 qu'il acheta ce modeste cottage de trois chambres, doté d'un joli jardin et d'une petite dépendance pour le personnel. Sa santé déclinant, Rhodes avait souhaité profiter des brises marines de Muizenberg. Homme aux goûts simples, il préférait cette austérité au faste de ses autres propriétés.

Lorsqu'il succomba à une insuffisance cardiaque à l'âge de 48 ans, sa dépouille fut inhumée dans un lieu qu'il avait choisi, dans les collines Matopos du Zimbabwe (un diorama de ce site est exposé dans l'une des pièces de la maison).

Après sa mort, le cottage est resté propriété des administrateurs de Rhodes, avant d'être donné au gouvernement de la Rhodésie du Nord en 1932. En 1937, il fut remis à la municipalité du Cap, à la condition expresse qu'il demeure dans son état initial. Il a été classé Monument national l'année suivante.

Parmi les curiosités exposées, on remarque une longue table provenant de la salle de conférence de la société De Beers, ainsi que le coffre en bois dans lequel Rhodes transportait ses effets personnels.

L'ÉGLISE DE LA SAINTE TRINITÉ

11

Holy Trinity Church
42, Main Road
Kalk Bay
• Tél. 021 788 1641

“ *La plus belle église de Faise Bay*

Avec son toit de chaume incliné et ses murs de grès, l'église de la Sainte Trinité (*Holy Trinity Church*) est un lieu de culte pittoresque, situé en bord de mer, non loin de la route très fréquentée de Kalk Bay. À l'époque de sa consécration, le périodique The Church News l'a décrite comme « l'église la plus parfaite du diocèse ».

Construite entre 1873 et 1874, *Holy Trinity Church* constitue un bel exemple de l'architecture religieuse du milieu de l'époque victorienne, et n'a subi que très peu de modifications en un siècle et demi d'existence. Elle a été édifiée par John Gainsford de Newlands, grâce au financement de trois célèbres bienfaitrices de Kalk Bay : les sœurs Harriet et Charlotte Humphreys ainsi qu'Alice Pocklington avaient réuni la somme de 1 500 £, représentant le coût de la construction du lieu de culte et de ses aménagements intérieurs.

Les plans du bâtiment ont été dessinés par l'architecte londonien Henry Woodyer, qui avait conçu de nombreuses églises en Angleterre, dont certaines avaient été visitées par les sœurs Humphreys. Le grès ocre mis en œuvre dans la construction provient des carrières de St. James et de Fish Hoek, et a été gracieusement mis à la disposition du projet par l'hôtelier local et propriétaire d'omnibus Thomas Cutting. Quant au porche donnant accès à l'enclos paroissial, bâti en 1875, il fut le premier de ce genre en Afrique du Sud.

Par ailleurs, Charlotte Humphreys a aussi acquis la maison de vacances de Bishop Grey, qui jouxtait l'église de son côté méridional. Elle l'a offerte à la paroisse, qui en a fait son presbytère. En 1919, une plaque commémorative a été apposée près de l'entrée du monument, en mémoire de ses trois bienfaitrices, qui avaient regagné l'Angleterre en 1877.

À l'intérieur de l'église, le visiteur découvre des fonts baptismaux en marbre sculpté, ainsi qu'un jubé en teck, financés par l'homme d'affaires George John Nicholls en mémoire de ses deux filles, Emma et Madeline, mortes noyées à Danger Beach en 1874.

Les vitraux de la nef ont été créés par la société *James Powell & Sons* à Whitefriars (Londres), et la firme *Herbert Minton* de Stoke-on-Trent (comté du Staffordshire) a réalisé les carreaux ornant le sanctuaire et le retable.

Le merveilleux sens de l'harmonie qui se dégage des lieux doit beaucoup au travail de Woodyer, qui a conçu lui-même la plupart des aménagements intérieurs

LE CANON DE 9 POUCES DE SIMON'S TOWN ⓬

Middle North Battery

• Accès : à 1 kilomètre au nord de la gare de Simon's Town (à partir de Main Road, emprunter la petite route non balisée qui conduit au sommet de la colline, en face de Lower North Battery)

Une pièce d'artillerie navale du XIXe siècle

Le canon de 9 pouces implanté au nord de la gare de Simon's Town a été conçu au milieu du XIXe siècle pour les navires de guerre blindés et la défense des ports et des fronts maritimes. 190 exemplaires de cette pièce d'artillerie ont été fabriqués, celui-ci (le 22e de la série) datant de 1865. Ce canon, qui se charge par la bouche, présente six rainures, dans lesquelles les ergots en plomb des obus viennent s'encastrer : ce système permet d'imprimer au projectile un mouvement de rotation contribuant à stabiliser sa course.

Le fût de cette pièce est en acier moulé, certains éléments (notamment sa culasse) étant faits de fer forgé. L'ensemble repose sur un chariot en acier doté d'une glissière. Ce canon pèse 12,5 tonnes et peut tirer un projectile de 116 kg à une distance de 5,5 kilomètres, à la vitesse de 439 mètres/seconde.

Il a d'abord servi à Halifax, en Nouvelle-Écosse (jusqu'en 1878), puis aux Bermudes (jusqu'en 1881) et à Sheerness, en Angleterre (jusqu'en 1885). Il a ensuite été installé à *Middle North Battery* en 1896, au sein de fortifications établies quatre ans plus tôt pour défendre la base navale voisine. Il a été utilisé pour la dernière fois le 27 avril 1903, et déclassé le 19 septembre 1906.

En 1984, le canon et ses accessoires ont fait l'objet d'une restauration à l'*East Dockyard Gun Shop* de Simon's Town. Il est désormais en excellent état, et l'adjudant Harry Croome, membre de la *Cannon Association of South Africa* (CAOSA), est l'actuel gardien de cette pièce d'artillerie, qu'il passe une grande partie de son temps libre à entretenir.

Après 108 ans d'inactivité, le canon a tiré à nouveau le 16 mars 2011. La marine sud-africaine, en collaboration avec la CAOSA, a alors décidé de l'utiliser pour commémorer certaines occasions. Chaque année, une dizaine de tirs sont réalisés : trois coups retentissent pendant le SA *Navy Festival* au mois de mars, le 27 avril (*Freedom Day*), le 16 juin (Youth Day), le 24 septembre (*Heritage Day*), le 11 novembre (*Remembrance Day*), le 16 décembre (*Day of Reconciliation*) et le 31 décembre (Saint-Sylvestre).

LES CANONS DE 9 POUCES DE SCALA BATTERY

Plus haut sur la colline, on aperçoit les trois gros canons de 9 pouces de Scala Battery, peints de motifs de camouflage. Ceux-ci sont plus récents que celui de Middle North, et ont servi pendant les deux guerres mondiales.

LE PHARE DE ROMAN ROCK

13

• À un kilomètre environ du mur du port maritime de Simon's Town

Le seul phare d'Afrique du Sud construit sur un site submergé à marée haute

Implanté sur un affleurement rocheux de False Bay, le phare de Roman Rock n'a pas d'équivalent en Afrique du Sud : il constitue le seul bâtiment de ce type reposant sur une base submergée à marée haute.

Pendant des siècles, Roman Rock a représenté un danger pour les navires entrant dans Simon's Bay. Au milieu du XIXe siècle, un bateau-phare était encore ancré à proximité des récifs, mais son efficacité demeurait limitée. Aussi Alexander Gordon, de la *British Lighthouse Authority*, a-t-il conçu une structure faite de segments de fonte boulonnés les uns aux autres - le segment inférieur étant solidement fixé à la roche. Quant à la pierre nécessaire à la construction, elle a été extraite à

Seaforth Beach et acheminée à Roman Rock.

Dès 1857, le navire *Royal Saxon* a livré à Simon's Town le système d'éclairage du futur phare. La force des vents et des vagues à Roman Rock, cependant, a rendu les travaux particulièrement difficiles : s'il fallut quatre ans pour achever la construction, les ouvriers ne purent y travailler que 96 jours en tout.

Le premier éclairage avait un plan focal de 16,5 mètres au-dessus des hautes eaux et portait à 12 milles nautiques. Deux gardiens habitaient le phare en permanence. Ils étaient relevés tous les sept jours, lorsque les conditions le permettaient, et une équipe de réserve demeurait postée sur le rivage. Les conditions de vie dans cette tour étroite étaient particulièrement rudes. Aussi les gardiens affectés à Roman Rock percevaient-ils le salaire le plus élevé de leur profession.

En 1914, le système d'éclairage fut modernisé, ce qui permit au phare de ne plus nécessiter de gardien : la lampe était alors alimentée par de l'acétylène stocké dans des cylindres qui assuraient à l'installation plusieurs mois d'autonomie.

Enfin, depuis 1992, le phare de Roman Rock fonctionne grâce à l'électricité, en partie acheminée par un câble sous-marin. De plus, un générateur au Diesel et des panneaux solaires ont été installés dans la tour elle-même. Quant à l'ancienne coupole qui coiffait la structure, elle a été remplacée par une version moderne en fibre de verre, qui a été acheminée jusqu'au phare par hélicoptère.

LE TÉLÉPHÉRIQUE DE RED HILL

14

Simon's Town

• Le meilleur point de vue se situe sur St. George's Street, à l'entrée du Musée naval sud-africain (*South African Naval Museum*)

Le premier téléphérique destiné au transport de passagers en Afrique du Sud

Du centre de Simon's Town au sommet de Red Hill, une rangée de structures grises constitue le seul vestige d'un ancien téléphérique, construit au début du XXᵉ siècle pour desservir l'hôpital de la *Royal Navy* sur Red Hill. L'idée de ce moyen de transport fut suggérée par l'officier chargé du chantier naval, qui la défendit ainsi : « Les avantages d'un tel système sont évidents : aucune obstruction à la circulation, moins de risques que le public soit contaminé par des maladies infectieuses pendant le transport du patient à l'hôpital, et aucune usure de la route menant à l'hôpital. »

Les plans de cette remontée mécanique ont été achevés en 1902. Le département des travaux a alors commencé à ériger des supports de ligne en bois goudronné, tandis que la végétation était défrichée sur une largeur de 13 mètres de part et d'autre du trajet du futur téléphérique. En mai 1903, un tramway provisoire avait été installé pour transporter les matériaux destinés à la construction du terminal supérieur et, au début de 1904, le téléphérique était presque terminé. La station inférieure était située à West Dockyard, près de l'actuel Musée naval, tandis que le terminal supérieur se trouvait dans le parc du sanatorium.

Le téléphérique était pourvu de deux cabines en bois : l'une pour transporter les patients et le personnel, l'autre pour les provisions et le charbon. Ces cabines étaient conçues pour accueillir des civières, et étaient dotées d'un siège et d'un boîtier de commande électrique. Leur centre de gravité avait été calculé afin de leur permettre de demeurer à l'horizontale. Les feux de brousse, toutefois, menaçaient fréquemment les supports de ligne en bois. Aussi, dès 1913, ceux-ci ont-ils été remplacés par les structures d'acier qui demeurent visibles de nos jours. En dépit de cette amélioration, le téléphérique s'est avéré moins efficace que prévu, et des coupes budgétaires ont entraîné sa fermeture en 1927. Les câbles ont été retirés en 1934, et le bois des cabines a été récupéré pour d'autres usages. La salle d'attente de la station inférieure, cependant, a été conservée : elle se trouve aujourd'hui au Musée naval.

LA TOUR DE L'HORLOGE

15

South African Naval Museum
West Dockyard, Simon's Town
• Entrée sur St. George's Street
• Tél. 021 787 4686 / 4635
• Horaires d'ouverture : tous les jours de 9h à 15h30, sauf le vendredi saint, le jour de Noël et le jour de l'an

Une horloge londonienne sur un arsenal de Simon's Town

De nos jours, l'ancien arsenal de la *Royal Navy* abrite le Musée naval sud-africain. Peu de visiteurs, cependant, savent qu'il est possible d'emprunter les escaliers menant au sommet de la tour qui coiffe ce beau bâtiment. Sur les poutres de la charpente, le curieux découvrira les noms de navires britanniques qui ont fait halte à Simon's Town, tels que les HMS *Penelope* (1868), *Blonde* (1889) et *Barrosa* (1889).

Dès 1743, les Hollandais avaient établi un chantier naval à Simon's Town. Puis, lors de la seconde occupation du Cap par les Britanniques (qui a commencé en 1806), la *Royal Navy* a entrepris à son tour la construction d'un arsenal sur le même site. Ce bâtiment, édifié sous la supervision des ingénieurs royaux en 1814 et 1815, avait pour vocation de raccastiller les navires : le rez-de-chaussée était consacré à l'entreposage des mâts et des espars, tandis que l'étage supérieur abritait une voilerie.

La forme de cette construction avait été déterminée par la taille des mâts, dont certains mesuraient jusqu'à 36 mètres de longueur. Au cours de sa longue histoire, cette bâtisse a également servi de chapelle anglicane, de musée et de logement pour les marins, notamment pendant la Première Guerre mondiale.

L'arsenal est surmonté d'une tour dont l'histoire ne manque pas d'intérêt. En effet, dans un rapport rédigé en 1811, l'adjoint fiscal de Simon's Town, Johannes Hendricus Brand, avait proposé qu'un cadran solaire soit installé à proximité du chantier naval.

Ce fut en fait une véritable horloge, fabriquée par la société londonienne *Thwaites & Reed*, fondée en 1740, qui fut installée sur la tour (ses cloches sont datées de 1816). Celle-ci comporte trois mécanismes, qui déclenchent des sonneries distinctes (gong, cloche et carillon) correspondant à différentes fractions de temps. Chacun de ces mécanismes est entraîné par un poids séparé, à enroulement manuel, dont le plus lourd pèse environ 180 kg.

Bien que cette horloge publique soit l'une des plus anciennes d'Afrique du Sud, deux siècles de fonctionnement n'ont pas affecté sa précision : on peut ainsi estimer le dévouement de ceux qui, au fil des générations, ont assuré son entretien.

PK

LE VESTIGE DU SAS *PRESIDENT KRUGER* 16

Cour du *South African Naval Museum*
Naval Dockyard
Simon's Town
• Entrée sur St. George's Street, en face d'Arsenal Way
• Tél. 021 787 4686 / 4635
• Horaires d'ouverture : tous les jours de 9h à 15h30 sauf le vendredi saint, le jour de Noël et le jour de l'an

Un exercice aux conséquences funestes

Dans la cour du Musée naval sud-africain, deux fragments de métal enchevêtrés témoignent d'un drame survenu le 18 février 1982, à 78 milles nautiques au sud-ouest de Cape Point. À cette date, la frégate SAS *President Kruger* a été éperonnée par son navire de ravitaillement, le SAS *Tafelberg*, et son naufrage a coûté la vie à 16 membres de son équipage. Le choc a été si violent qu'une partie de la coque du SAS *President Kruger* a été arrachée et s'est encastrée dans la proue du SAS *Tafelberg* : c'est en réparant ce dernier que ces deux morceaux de métal distordus ont été retirés, avant d'être confiés au Musée.

Le SAS *President Kruger* était l'une des trois frégates de la classe « President » livrées par la Grande-Bretagne à la marine sud-africaine dans les années 1960. Au moment de la collision, ce navire était engagé dans une série d'exercices avec son jumeau, le SAS *President Pretorius*, ainsi que le sous-marin SAS *Emily Hobhouse* et le SAS *Tafelberg*. Cet entraînement, qui se déroulait sur plusieurs jours, avait pour objectif de former différents capitaines de sous-marins en simulant l'attaque du SAS *Tafelberg*. De nuit, les navires continuaient à suivre un parcours imprévisible, tandis que le sous-marin s'efforçait de les prendre en chasse.

Vers 4h du matin, la formation a reçu l'ordre de changer de cap, les frégates devant assurer la protection du SAS *Tafelberg* pendant la manœuvre. À cet instant, cependant, la salle des opérations du SAS *President Kruger* a perdu le contact radar avec le SAS *Tafelberg*. Une dispute a alors éclaté entre l'officier de quart (officer of the watch, OOW) et l'officier de guerre principal (principal warfare officer, PWO) au sujet de la conduite à tenir. Pendant ces instants cruciaux, la proue du SAS *Tafelberg* est venue heurter le côté bâbord du SAS *President Kruger*. En dépit d'une spectaculaire opération de sauvetage menée par les deux autres navires, seuls 177 des 193 membres d'équipage du SAS *President Kruger* ont pu être repêchés dans les eaux glacées de l'Atlantique Sud.

Deux commissions d'enquête successives ont conclu que la responsabilité du drame revenait au capitaine et au PWO du SAS *President Kruger*, qui manquaient d'expérience. Aucun d'eux ne fut toutefois traduit en cour martiale. En raison de l'embargo international sur la vente d'armes à l'Afrique du Sud pendant l'apartheid, le navire perdu n'a pu être remplacé.

GREAT DANE
JUST NUISANCE,
ABLE SEAMAN R.N.
H.M.S. AFRIKANDER.
1940 – 44.
DIED 1 APRIL 1944,
AGE 7 YEARS.
HMS GANGES ASSOCIATION

LA TOMBE DE « JUST NUISANCE » 17

• Accès : en empruntant Red Hill Road (M66) à partir de Simon's Town, tourner à gauche à la hauteur du panneau « *Just Nuisance Grave 1.4 km* »

> **Un chien devenu matelot de deuxième classe**

Dans un recoin paisible de l'ancienne école des transmissions de la marine sud-africaine, une pierre tombale en granit porte une étonnante inscription : « Dogue allemand Just Nuisance, matelot de 2e classe, HMS *Afrikander*, 1940-1944, décédé le 1er avril 1944 à l'âge de 7 ans. » Cette sépulture est celle du seul chien officiellement enrôlé dans la *Royal Navy* : Just Nuisance (« Simplement Nuisance ») servit au HMS *Afrikander*, une base côtière de Simon's Town, pendant la Seconde Guerre mondiale.

Cet animal avait été acheté par Benjamin Chaney, directeur de l'*United Services Institute* de Simon's Town. Très apprécié par le personnel de la base, le chien y a rapidement pris ses habitudes, se prélassant sur les ponts des navires amarrés. En raison de sa très grande taille, ce dogue allemand gênait souvent la circulation des marins, qui l'ont affectueusement surnommé « Nuisance. »

Ce sobriquet n'avait jamais été si bien porté que lorsque les marins ont pris l'habitude d'emmener l'animal au Cap par le train : les fonctionnaires des chemins de fer l'expulsaient dès qu'ils l'apercevaient, et ont même menacé de l'abattre.

Cependant, le personnel de la base s'est mobilisé pour défendre sa mascotte, et a adressé une requête aux autorités de la *Navy*. Sensibles à cette cause, elles ont décidé d'enrôler l'animal pour résoudre le problème. Ainsi, en tant que membre des forces armées, Nuisance pouvait bénéficier de trajets gratuits sur le réseau ferré.

Les formulaires militaires le concernant ont été remplis scrupuleusement : son nom de famille a été enregistré comme « Nuisance », son prénom « Just », et sa fonction était celle de « broyeur d'os ». Quant à son appartenance religieuse, elle fut d'abord consignée comme « profiteur », avant d'être modifiée en « Ligue de la Divinité canine (anti-vivisection) ». Plus tard, pour lui permettre de recevoir des rations et le récompenser de son long service, le matelot de 3e classe « Just Nuisance » a été promu au grade de matelot de 2e classe.

Après sa mort, le corps de « Just Nuisance » a été transporté à Klaver Camp. Son cercueil, drapé de l'enseigne blanche de la *Royal Navy*, a été enterré avec les honneurs militaires complets, incluant des salves d'artillerie et la sonnerie aux morts.

LE MUSÉE DU PATRIMOINE

18

Heritage Museum
Amlay House, King George's Way
Simon's Town
• Tél. 021 786 2302 ou 082 257 5975
• Horaires d'ouverture : le dimanche de 10h à 16h, ou sur rendez-vous

« *L'histoire des expulsions forcées de l'apartheid* »

Au cœur de Simon's Town, le Musée du Patrimoine occupe le rez-de-chaussée de la *Amlay House*, construite en 1858.

Ce bâtiment appartenait à la famille Amlay jusqu'à ce qu'elle soit expulsée en 1975, leur maison étant implantée dans un secteur déclaré « zone blanche », en vertu d'une nouvelle version de la « Loi sur les zones réservées » (*Group Areas Act* No. 36 de 1966). Mais, si les Amlay ont été parmi les derniers à quitter Simon's Town, ils ont également fait partie des premiers à y revenir, en 1995.

Le Musée du Patrimoine a été créé pour rappeler la longue histoire de la culture musulmane dans la région, de l'établissement de Simon's Town comme point de mouillage officiel en 1743 à l'expulsion forcée de plus de 7 000 « personnes de couleur » sous l'apartheid.

On y découvre notamment une belle collection de photographies et d'arbres généalogiques, une salle de mariage typique, des manuscrits en arabe, une table à thé traditionnelle et des ustensiles de cuisine. D'autres aspects de la culture islamique du Cap y sont présentés, dont les kramats (sanctuaires musulmans aux vertus mystiques, voir page 175) et des objets religieux. Une salle est également consacrée au pèlerinage à la Mecque. D'autres vitrines sont réservées aux conséquences des expulsions, durant la sombre période de l'apartheid.

Jusqu'en 1975, la *Amlay House* appartenait au conseiller D.A. Amlay. Aussi, lorsque le programme de restitution des terres a été lancé après la fin de l'apartheid, la fille d'Amlay, Zainab (Patty) Davidson, a-t-elle présenté une réclamation pour que les propriétés de sa famille lui soient rendues. À sa grande surprise, alors qu'elle attendait le résultat de sa démarche, le ministère des Travaux publics lui a téléphoné pour lui annoncer que la maison était vacante, et qu'il lui était possible de la louer pour une somme symbolique jusqu'à ce que sa réclamation aboutisse. Avec ses sept chambres à coucher, *Amlay House* était trop vaste pour Patty et son mari : elle a donc décidé d'y créer un musée, qui a ouvert ses portes en 1998. Sa famille, ses amis et les membres de sa communauté ont contribué à son initiative en lui fournissant quantité de photographies, coupures de journaux, récits et objets.

LA TOUR MARTELLO

19

East Naval Dockyard
Simon's Town
• Tél. 021 787 4686 / 4635
• Pour visiter la tour, contacter l'adjudant Croome au South African Naval Museum pendant les heures de bureau

Une fortification pour prévenir les attaques françaises

Magnifiquement restaurée, la tour Martello témoigne des efforts déployés par les Britanniques à la fin du XVIIIe siècle pour défendre le Cap contre une probable attaque française. Cette petite forteresse circulaire en pierre comporte un canon à son niveau inférieur, et une salle des gardes a été reconstituée à l'étage supérieur. Ses murs, épais de près de 2 mètres, présentent trois ouvertures orientées vers l'ouest, qui étaient garnies de pièces d'artillerie.

Lorsque les Britanniques occupèrent le Cap en septembre 1795, les troupes commandées par le major-général James Craig s'attelèrent à améliorer les défenses de Simon's Bay, et une grande poudrière fut bâtie à côté de la batterie située au sud du port. La tour Martello, édifiée au début de 1796, avait pour objet de protéger ce bâtiment, ainsi que la partie arrière de la batterie.

L'HISTOIRE DES TOURS MARTELLO : DE MORTELLA EN CORSE À MARTELLO AU CAP

Peinant à organiser le blocus du port de Toulon pendant les guerres napoléoniennes, la flotte britannique tenta de s'en prendre à la Corse. Le 6 février 1794, deux navires britanniques, les HMS *Fortitude* (74 canons) et *Juno* (32 canons), attaquèrent ainsi les fortifications du golfe de Saint-Florent. Celui-ci était notamment défendu par l'ancienne tour génoise de la punta Mortella, armée de deux canons et d'une garnison de deux grenadiers et de vingt marins.

Contre toute attente, cette petite structure réussit à endommager et à mettre en déroute les navires britanniques. Ce n'est que par voie terrestre, et après avoir enfumé les occupants de la tour, que la punta Mortella put être conquise par les Anglais. L'efficacité de ce type de fortification, cependant, avait forcé le respect de l'assaillant, et l'amiral Sir John Jervis écrivit, à bord du HMS *Victory* : « J'espère voir de telles œuvres érigées sur toutes les parties de la côte où un ennemi pourrait faire une descente. » Par la suite, des dizaines de ces tours (dont le nom « Mortella » avait été corrompu en « Martello ») ont été construites pour défendre le territoire britannique.

UNE ADAPTATION LOCALE DU « STYLE MARTELLO »

Bien que son plan s'inspire de celui de la tour de la Mortella, en Corse, la tour de Simon's Town ne semble pas avoir été dotée de canons faisant face à la mer. Il ne s'agissait donc pas d'une « vraie » tour Martello, mais d'un fort destiné à protéger la batterie d'une attaque terrestre.

L'ANCIEN CIMETIÈRE

20

Old Burying Ground
À la limite méridionale de Simon's Town
• Au-dessus de Seaforth Beach (du côté de la montagne, en empruntant Queens Road vers Cape Point)
• Accès par Runciman Drive (meilleure alternative) et par Queens Road

Un cimetière pour les marins perdus

L'Ancien Cimetière (*Old Burying Ground*), ceint d'un mur de pierre et parsemé de grands arbres, constitue un cadre pittoresque dans lequel les pierres tombales racontent l'histoire de Simon's Bay.

En 1814, la *Royal Navy* a transféré son Quartier général à Simon's Town et y a fait construire un nouvel hôpital (l'actuel *Hospital Terrace*) destiné aux marins. À partir de cette époque, la présence de malades, l'accroissement de la population de la ville, ainsi que l'arrivée d'un contingent de l'armée britannique ont rendu nécessaire la création d'un nouveau cimetière.

C'est donc aux environs de 1814 que le *Old Burying Ground* a été aménagé. Initialement réservé aux anglicans, il a plus tard été ouvert aux protestants et aux catholiques. Le Jardin du Souvenir, qui occupe la partie centrale du site, était à l'origine un cimetière militaire géré par la Commission britannique des Sépultures de Guerre. De nos jours, la *Simon's Town Historical Society* s'efforce d'entretenir les lieux, ses murs d'enceinte et ses pierres tombales.

La plus ancienne sépulture du Jardin du Souvenir est celle du contre-amiral Dundas (1775-1814), et les tombes les plus récentes sont celles des victimes du naufrage du HMS *Birkenhead*, qui s'est brisé contre des récifs au large de Danger Point, près de Cape Agulhas, le 26 février 1852.

En parcourant le cimetière, on remarque également les pierres tombales des vingt marins du HMS *Glendower*. Ceux-ci ont péri noyés lorsque leur chaloupe, partie de West Dockyard pour rejoindre leur navire, a chaviré pendant un orage, le 10 mars 1826.

Environ 550 marins et soldats, ainsi que 50 « Kroomen » (marins africains, généralement originaires de Côte d'Ivoire et du Liberia, enrôlés dans la *Royal Navy*) ont été inhumés dans le Jardin du Souvenir. En examinant leurs pierres tombales, on ne peut qu'être ému par la jeunesse d'une grande partie des marins décédés : certains n'avaient même pas atteint l'âge de 15 ans.

Enfin, pendant la guerre des Boers de 1899-1902, de nombreux prisonniers de guerre boers ont été détenus à Simon's Town, les malades étant soignés au *Palace Barracks Hospital*, tout proche. Plus de 160 d'entre eux y sont morts de leurs blessures et d'infections, notamment de la typhoïde et de la rougeole (la célèbre auteure Mary Kingsley, qui était infirmière dans cet hôpital, a également été emportée par la typhoïde, le 3 juin 1900).

ALBATROSS ROCK

21

Shipwreck Trail
Section « Cape Point » du Parc national de la Montagne de la Table
• Tél. 021 780 9204
• Carte disponible au Buffelsfontein Visitors' Centre

Un récif perfide

La présence du récif d'Albatross Rock, qui affleure à 1,5 km au large d'Olifantsbos Point, ne se devine qu'en observant la manière dont les vagues viennent s'y briser. En un siècle et demi, une demi-douzaine de navires s'y est échouée, dont les restes peuvent être découverts en empruntant le « sentier des Naufrages » (*Shipwreck Trail*).

Les plus nombreux sont ceux du *Thomas T. Tucker*, qui heurta Albatross Rock le 27 novembre 1942. Ce vaisseau était l'un des 2 710 Liberty Ships produits par les États-Unis pendant la Seconde Guerre mondiale (ces cargos avaient pour vocation de ravitailler les forces alliées en vivres et en matériel).

Le *Thomas T. Tucker*, dont c'était le voyage inaugural, avait quitté La Nouvelle-Orléans pour l'Afrique du Nord, en passant par Le Cap. Il transportait notamment des chars Sherman, destinés aux forces alliées qui se battaient alors contre les troupes de Rommel.

Bien que la présence de sous-marins allemands ait rendu les abords du Cap particulièrement risqués à cette époque, ce ne fut pas une torpille, mais Albatross Rock qui fut fatal au navire américain : le mauvais temps ne lui permit pas de repérer le récif, et le *Thomas T. Tucker* s'y brisa. En toute hâte, on dépêcha le cabotier *Swazi* pour récupérer sa précieuse cargaison, et on construisit une route rudimentaire pour déplacer le matériel échoué sur la côte.

De nos jours, de nombreux débris du *Thomas T. Tucker* sont encore éparpillés sur la plage, et la majeure partie de l'épave peut être aperçue, à marée basse, sur les rochers d'Olifantsbos Point.

La première victime connue du récif fut le remorqueur à vapeur *Albatross*, qui a donné son nom à l'endroit. Parti de Simon's Town pour la Baie de la Table avec une cargaison de coton, il s'y est échoué en 1863.

La deuxième fut le vapeur RMS *Kafir*, qui se disloqua au sud d'Olifantsbos après avoir heurté Albatross Rock en 1878. Deux ans plus tard, la barge *Star of Africa* connut le même sort.

En 1909, ce fut le tour du cabotier SS *Umhlali*, suivi en 1917 par le cargo suédois *Bia*. Le dernier à s'écraser contre le récif fut le navire hollandais *Nolloth*, coulé en 1965. Des fragments de ce dernier jonchent encore la plage au sud d'Olifantsbos, non loin des restes du *Thomas T. Tucker*.

LE CANON DE PAULSBERG

22

• Accès : le canon se trouve à 45 minutes de marche, en empruntant le sentier qui commence derrière le parking de Bordjies Rif, le long du Farmer's Cliff Trail, dans la Réserve naturelle de Cape Point

Un ingénieux moyen de communication

Du sommet de Paulsberg, sur la côte orientale de la Réserve naturelle de Cape Point, un canon hollandais de 4 livres peint en noir domine l'océan Atlantique, Cape Point et False Bay. Jusqu'à une date récente, la fonction de cette pièce d'artillerie est demeurée mystérieuse.

D'un point de vue militaire, ce petit canon isolé n'aurait pas pu servir à des fins défensives, car il ne couvrait aucune route importante menant aux installations du Cap. Il n'aurait pas non plus pu infliger de dégâts aux navires de passage.

Cependant, il était nécessaire que la flotte amarrée à Simon's Town soit avertie du danger si un navire ennemi se présentait dans False Bay. C'était d'ailleurs dans ce but que les Hollandais, et plus tard les Anglais, avaient installé des batteries de canons à Simon's Town. Le canon de Paulsberg aurait donc été, selon toute vraisemblance, un canon à signaux, le premier élément d'un système d'alerte qui aurait couvert la côte ouest de False Bay.

Un ancien employé du Parc national de la Péninsule du Cap, Jim Hallinan, a entrepris de résoudre l'énigme du canon de Paulsberg à la lumière de documents d'archives. En étudiant des lettres du début du XIXe siècle, il a découvert que ce poste de tir était utilisé en permanence, même en temps de paix. On peut donc en déduire qu'il servait à transmettre des messages de diverses natures.

Dans ce sens, des lettres échangées entre M. Bird, secrétaire colonial par intérim, et P.S. Buissine, adjoint fiscal, précisent que le poste de Paulsberg constituait le point de départ d'un système de communication. Elles indiquent aussi que la cabane adjacente était déjà délabrée en 1809, après trois ans d'occupation anglaise seulement. Il est donc très probable que ce canon était utilisé par les Hollandais avant l'invasion des Anglais en 1806. D'autres lettres, enfin, désignent Paulsberg comme le « premier poste de signal » : il devait donc exister d'autres postes semblables, propageant les messages vers le nord.

En l'absence de pollution sonore (comme c'était le cas en 1809), et dans des conditions météorologiques favorables, on estime que le son d'un canon de 4 livres tirant une charge à blanc pouvait être entendu à une distance maximale de 8 kilomètres environ. En réduisant, par prudence, cette portée à 6 kilomètres, on peut donc supposer qu'il existait trois autres postes entre Paulsberg et Simon's Town.

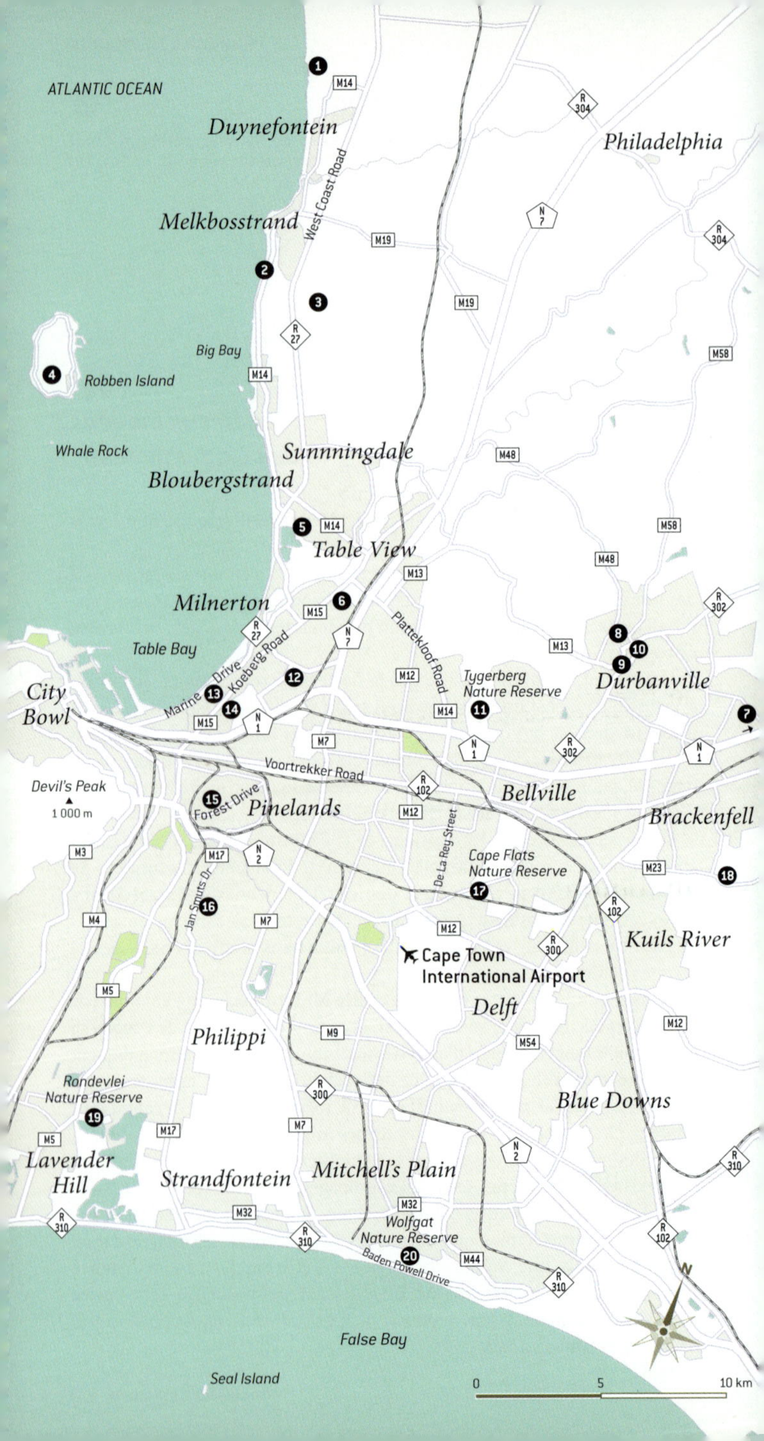

ATLANTIC OCEAN
Duynefontein
Philadelphia
Melkbosstrand
West Coast Road
Big Bay
Robben Island
Whale Rock
Sunnningdale
Bloubergstrand
Table View
Milnerton
Table Bay
Plattekloof Road
Koeberg Road
Marine Drive
Tygerberg Nature Reserve
Durbanville
City Bowl
Voortrekker Road
Devil's Peak
1 000 m
Forest Drive
Pinelands
Bellville
Brackenfell
Cape Flats Nature Reserve
De La Rey Street
Jan Smuts Dr
Kuils River
Cape Town International Airport
Delft
Philippi
Rondevlei Nature Reserve
Blue Downs
Lavender Hill
Strandfontein
Mitchell's Plain
Wolfgat Nature Reserve
Baden Powell Drive
False Bay
Seal Island
0
5
10 km
N

CÔTE OCCIDENTALE ET CAPE FLATS

LA RÉSERVE NATURELLE DE KOEBERG 1

À 30 kilomètres environ au nord du Cap, par la R27
- Horaires d'ouverture : tous les jours du lever au coucher du soleil
- Entrée libre (sur présentation d'une pièce d'identité uniquement)
- Il est recommandé de se munir d'un chapeau et de crème solaire

Des parcours de randonnée et de VTT autour d'une centrale nucléaire

Aussi étonnant que cela puisse paraître, le domaine de la centrale de Koeberg (la seule centrale nucléaire d'Afrique) comprend une réserve naturelle de 3 000 hectares, où les élands du Cap, les zèbres et les gazelles vivent en liberté. Dans le « strandveld » (un type d'environnement naturel endémique du Cap) nichent également plus de 170 espèces d'oiseaux.

Cette réserve, appartenant au fournisseur national d'électricité d'Afrique du Sud, Eskom, a été créée en 1991, six ans après la fin de la construction de la centrale de Koeberg. Pour permettre au public de la découvrir, deux sentiers de randonnée et une piste de VTT y ont été aménagés.

Chacun de ces itinéraires commence au parking des visiteurs, où se trouve un kiosque d'information distribuant cartes et brochures. Le sentier le plus court, celui de « Grysbok » (2,5 kilomètres ou 5,7 kilomètres) décrit un parcours circulaire autour de zones humides, et s'achève sur une plage offrant un joli point de vue sur la Montagne de la Table. Le chemin « Dikkop » part dans la direction opposée : il comprend une série de sentiers interconnectés (dont un tronçon de 2 kilomètres longeant la plage), que l'on peut choisir en fonction de la longueur de la randonnée que l'on souhaite effectuer (9,5 kilomètres, 19,3 kilomètres ou 22,3 kilomètres). Il est naturellement possible de faire une pause pour pique-niquer.

Pour les vététistes, Koeberg dispose d'une piste balisée de 19 kilomètres, bien entretenue et relativement plane, qui constitue un parcours facile pour les promenades en famille. Dans sa partie la plus sauvage, le chemin permet souvent aux cyclistes d'apercevoir des pélicans, des flamants roses et des pygargues vocifères. Quelques kilomètres plus loin, un virage à droite conduit sur la plage, d'où commence le chemin du retour. Il arrive qu'un éland solitaire se promène dans les environs : celui-ci aurait même poursuivi un cycliste jusqu'à son retour au parking ! Toutefois, selon l'officier chargé de l'environnement chez Eskom, il est probable que cette grande antilope ne cherchait qu'un peu de compagnie.

Au cours de leur randonnée, les visiteurs chanceux peuvent aussi repérer certains des petits prédateurs qui habitent la réserve, notamment des chats sauvages d'Afrique, des genettes et des caracals. Le meilleur moment pour visiter les lieux est le printemps (d'août à septembre) : de magnifiques fleurs sauvages tapissent alors le « strandveld » de Koeberg.

HAAKGAT POINT

2

• À 3 kilomètres au nord de Blouberg et 1 kilomètre au sud de Melkbosstrand, sur Otto du Plessis Drive (M14), repérer le panneau et le petit parking en bord de mer (en face de l'Atlantic Beach Golf Club)

Le spot de planche à voile le plus extrême du Cap

Pour les véliplanchistes et les kitesurfeurs amateurs sensations fortes, Haakgat constitue sans doute le spot le plus extrême du Cap. Ce site capricieux, cependant, ne donne le meilleur de lui-même qu'à marée haute, lorsqu'un vent violent du sud-est se combine avec une forte houle du sud-ouest. Aussitôt que ces conditions sont réunies, la communauté des surfeurs locaux s'y précipite, suivie de nombreux spectateurs désireux d'assister à leurs prouesses (pour déterminer si la journée est favorable, il suffit d'observer la file des voitures garées le long d'Otto du Plessis Drive, près de l'entrée du petit parking).

Le Cap est célèbre pour la pratique de ces activités : pendant l'été, de nombreux amateurs étrangers (notamment européens) envahissent les plages locales, munis de surfs, de planches à voile et de kitesurfs. Les sites les plus populaires sont Sunset Beach, Kite Beach (Table View) et Big Bay (Blouberg). Toutefois, c'est à Haakgat Point, moins fréquenté et moins connu que ces

derniers, que les meilleurs s'essaient aux manœuvres les plus audacieuses et les plus impressionnantes.

En effet, les vagues peuvent y devenir énormes et conservent généralement leur forme sur de longues distances : dans des conditions parfaites, les surfeurs peuvent les accompagner sur plus de 200 mètres. Il arrive également qu'elles se creusent au point de créer des rampes permettant d'effectuer de spectaculaires figures aériennes.

Sauf lorsque le temps est calme (on peut alors y pêcher à la ligne !), Haakgat demeure un site dangereux, dont les vagues ne peuvent être défiées que par les surfeurs les plus expérimentés : les brisants (*shorebreak*) perfides, les courants de retour très puissants, ainsi que la présence de rochers constituent autant de périls qui ne doivent pas être sous-estimés.

LES EAUX CALMES DU RIETVLEI

Niché derrière les dunes de Sunset Beach, le Rietvlei (accessible par le Milnerton Aquatic Club) constitue l'endroit idéal pour les véliplanchistes débutants. Cette étendue d'eau sert aussi aux amateurs de voiliers, qui peuvent y tester de nouveaux équipements, participer à des courses ou naviguer à grande vitesse dans un environnement sans danger.

LA STATION RADAR DE BLAAUWBERG HILL ❸

Accessible uniquement en réservant un hébergement sur place ou en participant aux visites guidées organisées par les membres de l'association Friends of the BCA
- Tél. 021 444 0454 • www.bca.org.za
- Hébergement : reservations.blaauwberg@capetown.gov.za
- Visites guidées : chair@bca.org.za

« Un élément de la défense navale alliée pendant la Seconde Guerre mondiale

Peu savent que Blaauwberg Hill a joué un rôle dans l'effort allié au cours de la Seconde Guerre mondiale. Durant le conflit, une station radar avait été installée sur cette colline, qui fait aujourd'hui partie de la réserve naturelle de Blaauwberg. Bien que sa forme et sa couleur sable lui permettent de se fondre dans le paysage environnant, le vieux bunker peut être repéré de la route côtière R27. Il offre une vue imprenable sur Robben Island, Melkbos et Koeberg au nord, et la Montagne de la Table au sud. À l'intérieur, ses murs sont encore tapissés de documents d'époque, notamment des cartes indiquant l'emplacement des stations radar de la péninsule et des listes de navires coulés.

Pendant la guerre, Le Cap constituait une étape majeure entre l'ouest et l'est pour les navires transportant des troupes et du matériel : quelque 18 000 bâtiments y ont fait escale entre 1939 et 1945, et 156 ont sombré à moins de 1 600 kilomètres de la côte de l'Union sud-africaine. Parmi ces derniers, 134

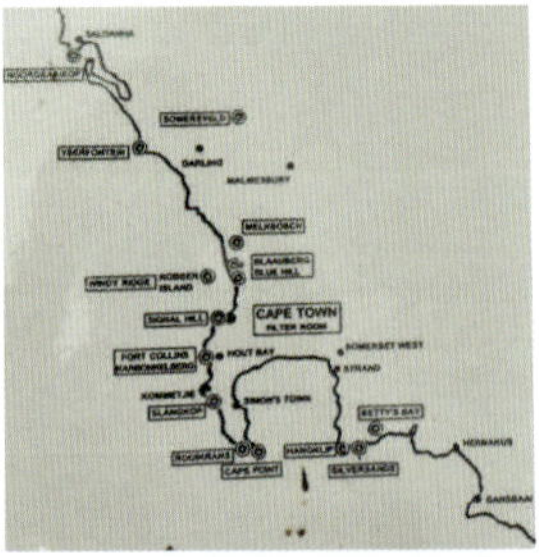

(dont un seul navire de guerre) ont été coulés par des sous-marins ennemis. Mais le nombre des pertes alliées aurait été beaucoup plus élevé sans les renseignements recueillis par les stations radar du Cap, dirigées par les *Special Signals Services* (SSS).

Ces stations, généralement implantées sur des sites élevés et isolés, détectaient les navires, sous-marins et avions des environs. En analysant les signaux reçus, les opérateurs des radars étaient capables de déterminer s'il s'agissait d'un engin ennemi ou d'un banal bateau de pêche.

Ces informations étaient transmises au centre des opérations, qui décidait alors d'envoyer un avion de reconnaissance, voire de larguer des charges de profondeur. Le radar était également utilisé pour guider les navires alliés parmi les nombreux récifs du Cap : pour des raisons de sécurité, aucun phare n'était éclairé, et les communications par radio étaient restreintes.

Par ailleurs, il semble que les stations radar top-secrètes du Cap étaient discrètement gardées par des hommes armés de simples sagaies, afin de tromper les espions ennemis.

À quelques pas de la station radar, un mess des officiers datant de la Seconde Guerre mondiale a été récemment rénové et transformé en logement indépendant. Il a été nommé *Scelotes montispectus*, en référence à une nouvelle espèce de sauriens découverte dans la réserve en 2002. « *Montispectus* » signifie « regarder la montagne » : Blaauwberg Hill offre en effet un magnifique point de vue sur la Montagne de la Table.

LE CANON DE 9,2 POUCES DE ROBBEN ISLAND

4

Côte occidentale de Robben Island
• Au cours de votre visite de l'île, demandez à votre guide de vous présenter le canon

De l'artillerie lourde pour défendre Le Cap

Si Robben Island est surtout connue pour sa prison, dans laquelle Nelson Mandela a été détenu, la plupart de ses visiteurs ignore le rôle majeur que l'île a joué au cours de la Seconde Guerre mondiale. Un canon de 9,2 pouces, dans un état de conservation exceptionnel, témoigne pourtant des efforts déployés par Le Cap pour assurer sa défense, et celle des navires alliés.

De 1939 à 1945, une centaine de pièces d'artillerie de ce calibre a été utilisée dans le monde. Moins d'une trentaine a été conservée jusqu'à nos jours, dont douze se trouvent en Afrique du Sud. Parmi celles-ci, le canon n° 3 de la

batterie De Waal, implanté sur Robben Island en 1940, est le seul au monde à demeurer entièrement fonctionnel, grâce à une minutieuse restauration achevée en 2011 : son système de chargement, ainsi que le mécanisme hydraulique permettant à sa tourelle de pivoter sur 360 ° et de régler l'angle de hausse du fût jusqu'à 25 °, sont désormais en parfait état. Fabriqué par la *Royal Gun Factory* à Woolwich (Londres) en 1901, ce canon de 140 tonnes avait une portée de près de 30 kilomètres.

Dès le début de la guerre, trois ensembles de batteries ont été installés de manière à protéger l'ensemble du littoral du Cap : outre Robben Island, Simon's Town et Llandudno étaient dotés de puissants canons. L'Afrique du Sud était en effet devenue le point de passage privilégié des convois alliés transportant soldats, vivres et matériel (entre 1941 et 1944, près de 50 000 navires y ont fait escale), comme des forces de l'Axe, qui s'efforçaient de la contourner pour atteindre le canal de Suez et la Méditerranée.

Les fortifications de Robben Island ont nécessité l'acheminement de quelque 150 000 tonnes de matériel et d'équipement destinés à la construction de routes, d'un port, d'une piste d'atterrissage, d'entrepôts souterrains et de postes de garde. Il fallut également bâtir des structures propres à loger, nourrir et divertir plusieurs milliers de soldats.

De plus, le fonctionnement des batteries de canons requérait différentes structures annexes, notamment des postes d'observation, une centrale électrique, des salles pour le personnel administratif, ainsi que des locaux d'entreposage. La plupart de ces installations ont été aménagées dans des souterrains dont la profondeur atteignait parfois dix mètres.

Enfin, le périmètre de l'île a été garni de nids de mitrailleuses, de projecteurs et de barbelés. Ces défenses ont été renforcées après l'attaque de Pearl Harbor, qui laissait craindre une possible invasion japonaise.

SANCCOB

5

22, Pentz Drive, Table View
• Les visites guidées (à réserver à l'avance) commencent à 11h et à 15h du lundi au vendredi et deux samedis par mois à 10h, 12h et 15h
• www.sanccob.co.za

Une belle initiative pour sauver le manchot du Cap

Parmi les Captoniens et les touristes qui s'amusent à observer les manchots du Cap à Boulders Beach, peu savent que, de l'autre côté de la ville, une association lutte quotidiennement contre l'extinction de cette espèce menacée. Installée à l'extrémité nord de la Baie de la Table, la SANCCOB (*Southern African Foundation for the Conservation of Coastal Birds*) constitue l'un des rares centres de sauvetage d'oiseaux marins au monde.

Lorsqu'un pétrolier a coulé au large des côtes du Cap le 23 juin 2000, déversant 1 300 tonnes d'hydrocarbures, la SANCCOB a lancé une opération sans précédent qui a permis de sauver 40 000 manchots et autres oiseaux. Chaque année, même en l'absence de marée noire, cette association traite environ 2 500 oiseaux de mer blessés, mazoutés ou malades, et prend soin des oisillons abandonnés.

Pour sensibiliser le public à ses activités, la SANCCOB propose des visites guidées d'une heure : on y découvre les méthodes employées pour laver, soigner et nourrir les oiseaux. Les visiteurs font également la connaissance des oiseaux adoptés par l'association, notamment de Rocky, le gorfou sauteur, et de Skipper, le manchot du Cap.

Par ailleurs, depuis 2011, la SANCCOB a élevé et relâché plus de 2 000 oisillons (les locaux réservés à l'incubation et à l'élevage ne sont visibles qu'au travers d'une vitre, pour éviter de contaminer les animaux). Fait intéressant, des recherches ont démontré que les oisillons élevés dans ces conditions ont de meilleures chances d'atteindre l'âge de la reproduction que ceux qui grandissent dans leur milieu naturel. Ils se reproduisent également davantage.

La SANCCOB est une association à but non lucratif, qui ne fonctionne que grâce au bénévolat et aux dons qui lui sont faits. Si vous souhaitez la soutenir ou vous impliquer dans ses activités, consultez son site Web.

AUX ALENTOURS :

LA RÉSERVE DE RIETVLEI

- L'entrée de la réserve se trouve au 10, Sandpiper Crescent.
- Horaires d'ouverture : tous les jours de 7h30 à 17h, pour la somme de R14

La réserve de Rietvlei (qui fait partie de celle de la Baie de la Table) est une zone marécageuse de 560 hectares, située dans la plaine inondable de la rivière Diep. Cet espace humide et proche de la mer abrite quantité d'oiseaux aquatiques : plus de cent espèces y ont été répertoriées, notamment des martins-pêcheurs, des canards du Cap, des hérons, des grèbes, des sternes, des cormorans, des flamants (roses et nains) et des pélicans blancs.

LE TEMPLE DE MAZU

6

5A, Illy Industrial Park, Stella Road, Montagu Gardens
• Horaires d'ouverture : tous les jours de 9h30 à 16h30

Un temple pour les pêcheurs taïwanais

Dans Montagu Gardens, au milieu d'un parc industriel, un pavillon en béton abrite un temple taïwanais dédié à la déesse taoïste Mazu (également orthographiée Matsu et Ma Tzu). Protectrice des marins, cette divinité est particulièrement vénérée par les insulaires taïwanais. Selon la légende, Mazu (littéralement « ancêtre-mère ») serait née sous les Song, le 23 mars 960. La biographie légendaire de la déesse comporte plusieurs versions, qui s'accordent cependant sur un point : vêtue d'une robe rouge, Mazu se serait tenue sur la côte pour guider et sauver les navigateurs en détresse.

De nombreuses flottes de pêche taïwanaises faisant étape au port du Cap, les marins se rendent au temple pour prier Mazu, la remercier de sa protection et

demander ses conseils. Bien que ce sanctuaire soit financé par la communauté taïwanaise locale, les visiteurs de toutes les cultures y sont les bienvenus. Chaque année, en mars, des festivités y sont organisées.

En le visitant, traversez l'antichambre jusqu'à la pièce centrale, et prenez quatre bâtonnets d'encens (un tronc rouge vous permet de faire un don). Allumez-les, puis retournez dans l'antichambre, priez le Ciel et déposez l'un des bâtonnets dans la vasque prévue à cet effet. Mettez ensuite un fruit ou un cadeau sur la grande table de la pièce principale et présentez-vous devant l'autel pour prier Mazu, en plaçant un autre bâton d'encens devant son image. Sur votre droite, allez prier Taï Suey et déposez un troisième bâton d'encens devant lui. Enfin, retournez dans l'antichambre pour prier les « Cinq généraux tigres », qui représentent la terre.

Pour découvrir ce que l'avenir vous réserve, revenez à l'autel de Mazu et priez encore, pour obtenir des conseils pour formuler votre question. Ensuite, placez un bâton dans le bol à oracle et jetez les deux pièces de bois qui se trouvent à côté du récipient : si chacune tombe sur une face différente, votre bâtonnet est le bon : apportez-le au prêtre du temple, M. Hong, qui interprétera sa signification pour vous.

ROVER

MUSÉE DE L' AUTOMOBILE DE WIJNLAND

7

Wijnland Auto Museum
Tarentaal Street, Joostenberg Vlakte
• Horaires d'ouverture : tous les jours de 9h à 16h

« *Une collection de voitures hors du commun*

Très peu de Captoniens connaissent l'existence du Wijnland Auto Museum. Ce musée possède pourtant l'une des collections de voitures anciennes les plus fascinantes.

Son propriétaire, Les Boshoff, était à l'origine un investisseur immobilier. S'étant retiré des affaires, Boshoff a commencé à collectionner les voitures pour son plaisir, jusqu'à ce que l'industrie du cinéma s'intéresse aux modèles rares rassemblés par ce passionné. Depuis lors, sa collection n'a cessé de s'accroître, grâce aux sommes versées par les producteurs pour louer l'une ou l'autre de ces merveilles (certaines d'entre elles ont été conduites par des stars telles que Colin Farrell et Salma Hayek). En 25 ans, Boshoff a ainsi acquis plus de 300 voitures, dans des états de conservation variés : alors que des Cadillac, Buick, Dodge et Chevrolet flambant neuves brillent à l'intérieur de grands garages, des rangées de Jaguars tombent en ruine sous de simples toiles. D'autres véhicules ont été simplement empilés les uns sur les autres, leurs radiateurs étant colonisés par la végétation.

Le musée, situé à côté de l'autoroute N1 à Joostenburg Vlakte, se repère grâce aux piles de carcasses rouillées visibles depuis la route. Pour autant, ces voitures, à l'état d'épaves, sont peu à peu remises à neuf par Boshoff et son équipe, qui sont capables de restaurer un véhicule méconnaissable en trois semaines seulement (ce fut le cas, notamment, d'un cabriolet Skoda Felicia des années 1960 qui, désormais, paraît n'avoir jamais servi).

Ces génies de la restauration ont également créé des répliques convaincantes d'un véhicule destiné à battre le record de vitesse terrestre et d'une Formule 1. Et, avec l'aide d'un professeur de physique français, ils ont minutieusement converti une vieille Citroën DS en réplique d'un très rare cabriolet, la « Chapron décapotable ». Celle-ci a ensuite été recouverte de plumes jaunes et dotée d'ailes et d'un bec, pour les besoins d'une publicité suédoise pour le poulet.

Le musée expose également une superbe Ford Model T Streetrod de 1923, un coupé Ford Tallboy 3 de 1934, ainsi que les quelque 30 trophées que ces voitures ont remportés. Parmi les véhicules les plus impressionnants, on remarque aussi une Ferrari 400i, une Porsche 356 Roadster, une Rolls Royce Silver Shadow de 1963, deux Ford Mustang, et une rare Mercedes 600.

Les photographes et les amateurs de belles mécaniques passeront de nombreuses heures de bonheur dans cette véritable machine à remonter le temps.

LE JARDIN DES ROSES DE DURBANVILLE 8

Durbanville Rose Garden

- Entre Durbanville Avenue et Drakenstein Road, Durbanville
- Horaires d'ouverture : tous les jours de 7h à 18h

> **« *L'une des trois roseraies expérimentales de l'hémisphère sud* »**

Le Jardin des Roses de Durbanville, largement méconnu des riverains eux-mêmes, abrite quelque 4 500 rosiers de 500 variétés différentes. Il s'agit donc de l'une des plus grandes collections de roses d'Afrique du Sud.

Le Jardin a été fondé en 1979 par la *Western Cape Rose Society* et la plupart des plants originaux lui ont été offerts par des amateurs. Depuis lors, il est devenu l'une des trois roseraies expérimentales de l'hémisphère sud, et des pépiniéristes du monde entier viennent y tester leurs nouvelles variétés de roses.

Outre ces plantes récemment créées, on y découvre des collections de roses anciennes, des rosiers miniatures, des rosiers floribundas et des rosiers grimpants.

La rose « Fairest Cape », présentée sous une tonnelle, mérite une attention particulière : cette fleur primée, de couleur abricot, a été élaborée par les célèbres créateurs de roses allemands W. Kordes & Fils en 1994, l'année des premières élections démocratiques en Afrique du Sud.

Parmi les autres variétés, on remarque la « South Africa » (dont les fleurs doubles sont de couleur ambrée), la « Bushveld Dawn » (de couleurs saumon, crème et rose), et la « *Pretoria Boys Centenary* » (une rose rouge vif à longue tige, créée par Kordes à l'occasion du centenaire de la Pretoria Boys High School en 2001). La « Dikgang Moseneke », élaborée par David Austin en l'honneur de l'ancien président de Telkom et ancien vice-président de la Justice d'Afrique du Sud, mérite également un détour.

Le parc contient aussi le petit cimetière des Schabort, une ancienne famille du Cap qui a loué une partie de son ancien domaine viticole, Eversdal, au *Durbanville Rose Garden.*

L'été constitue la meilleure saison pour visiter les Jardins : d'octobre à mai (hémisphère sud oblige), la plupart des rosiers sont en pleine floraison, et le parfum des fleurs chauffées par le soleil est particulièrement puissant. Chaque dimanche après-midi d'été, des associations caritatives proposent du thé aux visiteurs.

CHOISISSEZ ET CUEILLEZ VOS PROPRES ROSES

Chart Farm, sur Klaassens Road (Wynberg), est une roseraie de 18 hectares où les visiteurs peuvent cueillir les fleurs eux-mêmes. Des sécateurs et des plateaux sont fournis, et l'on paie les roses à l'unité. La ferme dispose aussi d'un établissement servant le petit déjeuner, le déjeuner et le thé. Elle est ouverte gratuitement tous les jours de 9h à 16h30.

ONZE MOLEN

9

Onze Molen Road
Durbanville

Un jumeau du Moulin de Mostert à Durbanville

Au centre d'un paisible lotissement de Durbanville se dresse l'un des derniers moulins à vent du Cap. Nommé « Onze Molen » en 1963, celui-ci était à l'origine connu sous le nom de « Oude Molen » (« Vieux Moulin »), bien qu'il soit de nos jours le plus récent des trois derniers moulins à vent de la ville.

Peu après la fondation du Cap, une douzaine de ces moulins, de conception hollandaise, a été construite le long des rivières Liesbeek et Black, sur des sites qui se trouvent aujourd'hui inclus dans les banlieues de Pinelands, Mowbray et Salt River. Cependant, l'essor démographique du Cap nécessita de bâtir davantage de moulins, dans les zones périphériques de la ville. Onze Molen fut ainsi édifié à l'extérieur de *Pampoenkraal* (« Hameau de la Citrouille »), devenu plus tard Durbanville, sur un domaine appelé Johannesfontein.

On ignore la date exacte de sa construction, ainsi que le nom de son bâtisseur. La première preuve concrète de l'existence de ce moulin provient d'un relevé topographique réalisé en 1842, et l'on suppose qu'il a été bâti entre 1837 et 1842. Il est demeuré en service jusqu'au début du XXe siècle, époque à laquelle le toit, les ailes et la machinerie ont été enlevés. Il a ensuite été transformé en logement.

Restauré en 1983, il a été classé Monument national la même année. Hélas, aucun plan ancien n'a pu être découvert, et la restauration a été réalisée en copiant les caractéristiques du célèbre moulin de Mostert à Mowbray : aussi les deux structures présentent-elles un aspect identique.

Toutefois, Mostert's Mill a été construit un demi-siècle avant Oude Molen, et la restauration a été critiquée par le principal expert des moulins à vent en Afrique du Sud, le Dr James Walton. Il semble en effet que les moulins construits au Cap après 1800 n'aient pas été dotés de toits de chaume, que leurs ailes aient été plus courtes, et que leur mécanisme ait été conçu différemment. Hélas, les résidents ont voté contre la remise en service du moulin, en raison des frais que cela aurait engendré.

AUX ALENTOURS :

LA FONTAINE DE PAMPOENKRAAL

C'est à la *Pampoenkraal Fontein*, sur Hoog Street, que Durbanville doit son existence. Ce réservoir recueille les eaux de deux sources, qui fournissent environ deux millions de litres par mois. Celles-ci ont constitué la principale ressource en eau de la ville jusqu'en 1957, date à laquelle le réseau de distribution a été relié au barrage de Wemmershoek.

L'ÉGLISE DE TOUS LES SAINTS

10

All Saints Church
2, Baxter Avenue, Durbanville
• Tél. 021 976 8016
• Horaires d'ouverture : du lundi au vendredi de 9h à 14h. Les offices ont lieu le dimanche matin

"*La première femme architecte d'Afrique du Sud*"

Le complexe *All Saints*, comprenant l'église (un bâtiment blanc doté d'un toit de chaume, de petits vitraux et d'un clocher en bois), l'ancien presbytère, ainsi qu'une salle et un jardin du souvenir, a été conçu par la première femme architecte d'Afrique du Sud, Sophy Gray.

All Saints date de 1859-1860 : le bâtiment d'origine, édifié à Pampoenkraal, était une structure simple et rectangulaire comportant une nef et un chœur.

En 1982, Pampoenkraal étant devenu Durbanville, le nombre de paroissiens avait considérablement augmenté. Plutôt que de la démolir, on décida d'agrandir l'église en modifiant son plan (qui devint cruciforme), tout en restant fidèle au style original de Gray. On mit donc en œuvre des méthodes

de construction traditionnelles, et des matériaux identiques à ceux de l'ancien bâtiment. L'église a été classée Monument national la même année.

Outre son rôle d'architecte, Sophy Gray était une administratrice diocésaine, une cavalière émérite et l'épouse de l'évêque du Cap Robert Gray. Née le 5 janvier 1814 à Easington, dans le Yorkshire, elle était la cinquième fille de l'écuyer du comté Richard Wharton Myddleton de Durham. Elle mourut à Bishopscourt, au Cap, le 27 avril 1871 et fut inhumée dans le cimetière de St. Saviour à Claremont.

Arrivé au Cap en 1847, son mari Robert était chargé d'établir un nouveau diocèse colonial, d'augmenter le nombre des membres du clergé et de construire de nouvelles églises et écoles dans toute l'Afrique du Sud. Sophy l'accompagnait dans ses longs voyages à travers le pays, exerçant à la fois les fonctions de comptable et d'architecte.

Avant de quitter l'Angleterre, Sophy avait réuni des plans qui pourraient être adaptés pour la conception d'églises et d'écoles dans les nouvelles paroisses anglicanes. Moins d'un an après son arrivée au Cap, elle avait préparé onze plans pour de petites églises et, au cours des 25 années suivantes, elle en a dessiné des dizaines d'autres. L'église de Tous les Saints constitue l'une de ses plus charmantes créations.

Sophy et son mari appréciaient l'architecture néo-gothique, qui faisait fureur en Grande-Bretagne à cette époque, mais s'affranchissaient volontiers de ce style. Sur la cinquantaine d'églises construites en Afrique du Sud pendant l'évêché de Robert Gray, quarante au moins sont attribuées à Sophy.

Start

LA RÉSERVE NATURELLE DE TYGERBERG 11

Tygerberg Nature reserve
- Porte principale sur Totius Street, Welgemoed
- Porte secondaire sur Meyboom Avenue, Plattekloof
- Tél. 021 444 8971
- Horaires d'ouverture : du lundi au vendredi de 7h30 à 18h, le week-end de 7h30 à 19h

« *Un vestige urbain du « Swartland Shale Renovertveld »* »

La réserve de Tygerberg a été créée en 1973 pour protéger l'un des derniers vestiges d'un type de végétation, le « Swartland Shale Renovertveld », menacé d'extinction (cet écosystème porte le nom des rhinocéros qui habitaient autrefois la région). La réserve couvre 309 hectares et compte 562 espèces végétales. Parmi celles-ci, 23 sont menacées, 8 sont endémiques au Cap et 3 ne sont connues que sur Tygerberg.

En franchissant la porte principale, le visiteur découvre le centre d'éducation environnemental « Kristo Pienaar », qui présente un jardin aromatique et médicinal. En gravissant la colline, le chemin se divise en plusieurs sentiers de randonnée, allant de quelques centaines de mètres à plus de 3 kilomètres (deux sites dédiés aux pique-niques et une route pour fauteuils roulants y ont été aménagés). Le sommet de la colline de Tygerberg domine les Cape Flats, la Montagne de la Table, False Bay et la Baie de la Table, ainsi que d'anciens domaines en cours de restauration. À l'opposé, quelques terres quasiment vierges offrent un aperçu du « Swartland Shale Renosterveld ».

La faune de cette réserve urbaine est d'une diversité considérable : quelque 24 espèces de mammifères, 137 sortes d'oiseaux, 22 types de reptiles, 7 espèces de grenouilles et de nombreuses variétés de papillons y prolifèrent.

LA « MONTAGNE DU TIGRE »

L'origine du nom de la « Montagne du Tigre » n'est pas établie avec certitude. Selon une première version, le journal de van Riebeeck, daté de 1655, l'aurait nommé *Luipaerts Berghen* (« Montagne du Léopard »). En effet, des taches rondes et régulières apparaissent sur ce versant, particulièrement en été, et sont appelées *heuweltjies* (« petites collines »).

Dans ce sens, certains scientifiques pensent que ces collines sont les restes d'anciennes termitières. Les terriers de ces insectes, remplis de végétaux, auraient modifié la nature du sol, ce qui impliquerait que les plantes croissant sur ces plaques diffèreraient de celles des zones environnantes.

Selon une autre interprétation, les colons auraient appelé cette zone *Tijgerberghen* (« Montagne du Tigre ») en 1661 : à leurs yeux, les léopards et les tigres ne présentaient pas de différence.

L'ÎLE D'INTAKA

12

Park Way, Century City
• Horaires d'ouverture : tous les jours de 7h30 à 19h d'octobre à avril et de 7h30 à 17h30 de mai à septembre

> ***Un paradis pour les ornithologues au centre d'une ville nouvelle***

Nombre de Captoniens considèrent Century City comme un « Johannesburg en bord de mer » dénué de charme. Toutefois, même les voisins du plus grand centre commercial et parc d'affaires du Cap-Occidental ignorent que cette ville nouvelle abrite une réserve naturelle de 16 hectares, dans laquelle prospèrent plus de 200 sortes de plantes endémiques et 120 espèces d'oiseaux.

Avant l'arrivée des promoteurs immobiliers, cette zone était recouverte d'une végétation si dense que ses marécages n'avaient été remarqués qu'au cours d'une prospection aérienne.

Au milieu des années 1990, le développement de Century City a inquiété les amoureux de la nature, qui redoutaient la destruction de cet écosystème. Les promoteurs ont pourtant décidé de le préserver en créant la réserve de l'île d'Intaka.

Depuis lors, Intaka (« Oiseau », en Xhosa) est devenue l'un des parcs naturels les mieux gérés d'Afrique du Sud, et l'entretien de ses marécages répond aux normes écologiques les plus strictes : un ingénieux système composé de quatre « cellules » permet de filtrer et d'oxygéner l'eau des canaux qui s'y déversent, notamment grâce aux effets conjugués du vent et des roseaux.

Trois étangs pérennes y ont été créés, le secteur oriental de la réserve étant occupé par une cuvette saisonnière qui, dans sa majeure partie, n'a pas été transformée : celle-ci se remplit d'eau pendant l'hiver et s'assèche lentement pendant l'été en laissant une accumulation de sel. Entourée de fynbos et de strandveld, cette zone des Cape Flats n'a guère changé depuis deux siècles.

Les photographes passionnés d'ornithologie fréquentent assidument l'île d'Intaka : dès le lever du soleil, ils se dissimulent dans une cachette située à quelques mètres des perchoirs des oiseaux pour réaliser de fantastiques gros plans de martins-pêcheurs huppés et pies. Parmi les oiseaux d'Intaka, on remarque également diverses espèces de hérons, des spatules africaines, des foulques à crête, des grèbes castagneux, des euplectes ignicolores, des tisserins, des poules d'eau et des canards colverts.

Les visiteurs peuvent se promener librement sur deux courts sentiers aménagés, ou profiter d'une visite guidée en compagnie d'un garde forestier. En outre, il est possible d'emprunter le ferry de Century City pour faire le tour de l'île.

KLEIN ZOAR HOUSE

13

4, Wemyss Street, Brooklyn
• Habitation privée

La maison d'un héros sud-africain

Classée Monument national en 1971, la maison « Klein Zoar » constitue un exemple rare de résidence datant du début du XVIIIe siècle. Elle aurait été habitée par Wolraad Woltemade, un célèbre héros sud-africain.

Le 1er juin 1773, le navire de la Compagnie hollandaise des Indes orientales (VOC) *Jonge Thomas* était ancré près de l'embouchure de la Salt River. Aux premières heures du matin, l'orage qui avait sévi pendant la nuit s'intensifia, et le capitaine Barend Lameren fit tirer un coup de canon pour demander de l'aide.

Juste avant l'aube, le *Jonge Thomas* perdit son ancre et vint se briser sur un banc de sable, au large de l'embouchure de la rivière. L'accident fit plusieurs morts, mais de nombreux survivants parvinrent à s'accrocher à l'épave. La terre étant relativement proche, quelques-uns tentèrent d'atteindre la rive à la nage, mais peu échappèrent à la noyade.

Une foule de spectateurs s'était alors massée sur la plage, et un détachement de soldats fut chargé de maintenir l'ordre. Parmi ces militaires se trouvait le caporal Christian Ludwig Woltemade, le plus jeune fils de Wolraad. Au lever

du jour, ce dernier quitta sa maison pour apporter quelques provisions à son fils.

Choqué de découvrir que rien n'était fait pour porter secours aux naufragés, Wolraad, monté sur son cheval Vonk (« Étincelle ») s'élança dans les vagues en direction du navire en perdition. Lorsqu'il fut parvenu à proximité de l'épave, il invita deux hommes à sauter dans les flots et à s'accrocher à la queue de sa monture. Woltemade parvint à regagner le rivage, et fit plusieurs autres allers-retours, sauvant 14 hommes au total. Puis, alors que le cheval et son cavalier étaient épuisés, l'épave commença à couler. Wolraad fit une dernière tentative… Cependant, la panique des marins était telle que six d'entre eux s'agrippèrent au cheval. Leur poids étant trop important, tous trouvèrent la mort.

Le geste héroïque de Woltemade a été salué par la VOC, qui a aussitôt pris en charge sa veuve et ses enfants. Elle a également donné son nom à l'un de ses navires, *De Held Woltemade* (en 1976, un puissant remorqueur de sauvetage fut également nommé SA *Wolraad Woltemade*). Par ailleurs, en 1970, la médaille « Woltemade » a été créée pour récompenser les auteurs d'actes de bravoure. Elle constitue la plus haute distinction civile en Afrique du Sud.

G-A
BRE

MUSÉE DES FORCES AÉRIENNES SUD-AFRICAINES

14

South African Air Force Museum
Le musée se trouve dans l'enceinte de la base aérienne d'Ysterplaat, dont l'entrée est située au bout de Piet Grobler Street, Brooklyn
• Tél. 021 508 6576
• Horaires d'ouverture : du mercredi au vendredi de 7h à 15h et le samedi de 8h à 12h30

Des avions de légende

Le Musée des Forces aériennes sud-africaines (SAAF) d'Ysterplaat possède une vaste collection couvrant l'ensemble de l'histoire de la SAAF depuis sa création en 1920. Outre des avions, des maquettes, des armes, des moteurs et des uniformes, il comprend des reliques du *Royal Flying Corps*. Parmi les aéronefs exposés, certains modèles sont toujours en état de voler.

Ce musée, géré par un groupe de passionnés d'aviation, présente aussi les différentes opérations dans lesquelles les forces de la SAAF se sont distinguées (la Seconde Guerre mondiale, le blocus de Berlin, la guerre de Corée et la guerre de la frontière sud-africaine). De plus, des expositions thématiques y sont consacrées au rôle des femmes dans l'aviation et à l'histoire de la base d'Ysterplaat.

Le musée dispose d'une boutique vendant des livres, des maquettes et des affiches, ainsi que d'une bibliothèque comprenant des publications liées à l'aviation, du matériel de recherche, des journaux de bord et des photographies.

Les avions anciens sont conservés dans le hangar du musée, ainsi que dans le Hangar Four, situé dans la section de haute sécurité de la base (il n'est ouvert au public que le samedi matin, ou sur rendez-vous). On y découvre notamment un Ventura, un Dakota et des Mirages.

LE PREMIER JET À TRAVERSER L'ATLANTIQUE

Parmi les avions exposés dans le musée de la SAAF, le De Havilland Vampire (dans le hangar du musée) et le Avro Shackleton Mark 3 (dans le *Hangar Four*) constituent deux des appareils les plus intéressants.
Le Vampire était un chasseur à réaction britannique développé pendant la Seconde Guerre mondiale. Entré en service dans la *Royal Air Force* en 1945, il a été le premier jet à traverser l'Atlantique. Basés à Ysterplaat, les Vampires ont été les premiers chasseurs à réaction de la SAAF. 77 exemplaires ont été livrés à l'Afrique du Sud.
Ysterplaat abrite également le dernier Shackleton en état de voler. Cet avion fabriqué en Grande-Bretagne disposait d'un grand rayon d'action, ce qui le rendait particulièrement bien adapté aux patrouilles maritimes. Entre 1957 et 1984, les Shackleton étaient basés à Ysterplaat et utilisés par le 35e Escadron. Si leurs missions consistaient principalement à surveiller les côtes du Cap, les Shackleton sont parfois descendus jusqu'à l'Antarctique.

PINELANDS

PROMENADE AUTOUR DE CENTRAL SQUARE ⓯

Au centre de Pinelands, à l'intersection de Broad Walk, Central Avenue et St. Stephen's Road

> **Le coeur de la première cité-jardin d'Afrique du Sud**

À Pinelands, Central Square constitue le cœur d'une « cité-jardin » remontant au milieu du XXe siècle, dont le plan rappelle celui de certains quartiers d'Angleterre.

La « cité-jardin » est un concept théorisé par l'urbaniste britannique Ebenezer Howard en 1898, dans un ouvrage intitulé *Demain, un chemin pacifiste vers la réforme sociale* : ce nouveau type de cité était conçu pour fonctionner de manière autonome, les logements étant entourés de ceintures contenant des zones mixtes dédiées à l'industrie et à l'agriculture. L'organisation de ces quartiers visait également à apporter à leurs résidents un sentiment de bien-être grâce, notamment, à des centres sportifs et de loisirs.

C'est en 1918 que Richard Stuttaford, héritier d'une famille de commerçants du Cap, a créé le Garden Cities Trust. La banlieue de Pinelands, conçue en Grande-Bretagne, est ainsi devenue la première cité-jardin d'Afrique du Sud.

Pour visiter les lieux, commencez votre promenade sur Broad Walk, qui mène au côté occidental de Central Square. Vous remarquerez aussitôt la pierre de fondation de la cité, placée par le général Jan Smuts le 5 mai 1923. Puis, en cheminant dans le sens inverse des aiguilles d'une montre, vous passerez devant un vieux canon rouge, mis au jour lors des travaux de construction. Du côté nord-est de la place, vous découvrirez un passage construit en 1960 pour honorer la mémoire des victimes de la Seconde Guerre mondiale.

Vers l'ouest, une stèle commémorative est dédiée à l'équipage du HMSAS *Southern Floe*, coulé par une mine en 1941. En effet, dès le mois de décembre 1940, quatre chasseurs de sous-marins sud-africains avaient été envoyés en Méditerranée pour y combattre les forces de l'Axe. C'est à proximité du port libyen de Tobrouk que le HMSAS *Southern Floe* a fait naufrage, le 11 février 1941. Il a été le premier navire sud-africain à connaître ce sort au cours de la Seconde Guerre mondiale et, sur ses 28 hommes d'équipage, seul le matelot de 1re classe Stoker C. Jones a survécu à la catastrophe.

Située au coin septentrional de Central Square, l'église anglicane St. Stephen possède un jardin du souvenir et une belle chapelle, cachée derrière le bâtiment principal. Cette petite construction au toit de chaume a été bâtie en 1926, et a été inaugurée par le gouverneur général d'Afrique du Sud de l'époque, Alexander Cambridge, premier comte d'Athlone.

TROJAN HORS

LE MÉMORIAL DU CHEVAL DE TROIE

16

Au coin de Thornton et St Simons Roads
Athlone

Le modeste rappel d'un acte monstrueux

Dans une rue ordinaire du quartier d'Athlone, un mur porte ce qui ressemble à un banal graffiti. Cette inscription a pourtant été protégée par des barres d'acier, et un panneau métallique, figurant les silhouettes de trois hommes armés, la surmonte. C'est à cet endroit, dans l'après-midi du mardi 15 octobre 1985, que la police du régime de l'apartheid a tiré sur 18 personnes.

À cette époque, le lycée voisin Alexander Sinton constituait un lieu de rassemblement pour les manifestants anti-apartheid, qui affrontaient régulièrement les forces de l'ordre.

En ce jour funeste, une manifestation était en cours lorsqu'un camion transportant des caisses métalliques traversa lentement la foule. Faisant demi-tour, le véhicule revint à la hauteur des manifestants, qui commencèrent à jeter des pierres sur son pare-brise. C'est alors que, sur le plateau du camion, des membres des forces de sécurité, des policiers et des soldats munis d'armes automatiques ont surgi des caisses. Sans sommation, le petit groupe a ouvert le feu sur les protestataires, blessant treize adultes et deux enfants, et en tuant trois autres : Michael Miranda (11 ans), Shaun Magmoed (15 ans) et Jonathan Claasen (21 ans).

Les hommes armés ignoraient cependant qu'un caméraman de la chaîne CBS, Chris Everson, se trouvait sur les lieux pour filmer la manifestation. Ses images de la fusillade, qui constituent l'une des rares preuves des faits, ont été diffusées dans le monde entier et ont contribué à intensifier les efforts internationaux pour mettre fin au régime de l'apartheid (ces quelques minutes de film sont visibles sur YouTube, en recherchant « Trojan Horse Massacre »).

Peu après le drame, les messages « Souvenez-vous du massacre du cheval de Troie » et « Arrêtez la violence de l'État » ont été peints sur les murs des environs. Les noms des trois victimes ont également été affichés.

À l'issue d'une enquête sur le massacre conduite en 1988, un magistrat a conclu que la police avait agi de manière déraisonnable, mais le procureur général du Cap a refusé de poursuivre les responsables en justice. Les familles des victimes, de leur côté, se sont portées parties civiles dans le cadre de procédures privées, mais les policiers ont été définitivement acquittés en 1989.

Le mémorial a été dévoilé le jour du Patrimoine, le 24 septembre 2005, soit près de deux décennies après le massacre.

LA RÉSERVE NATURELLE DES CAPE FLATS ⓱

Cape Flats Nature Reserve
Université du Cap-Occidental, Robert Sobukwe Road, Belville
• Horaires d'ouverture : du lundi au vendredi de 9h à 17h

À l'entrée du campus de l'Université du Cap-Occidental (UWC), une minuscule réserve naturelle préserve l'un des derniers espaces de fynbos et de strandveld (formations végétales naturelles caractéristiques de la province du Cap-Occidental) des Cape Flats.

> **« Un fragment préservé de l'écosystème original des Cape Flats**

Autrefois, les Cape Flats possédaient l'une des flores les plus variées du monde. Hélas, en raison de l'urbanisation et du manque presque total de protection de l'environnement, la région a désormais la triste réputation d'afficher le taux d'extinction le plus élevé.

Créée en 1977 et classée Monument national l'année suivante, la réserve naturelle des Cape Flats a été aménagée pour protéger la végétation endémique. Il s'agit d'un domaine privé administré par l'Université, qui l'utilise à des fins éducatives et y mène des recherches sur l'écologie et l'environnement.

Plus de 220 espèces végétales indigènes y ont été inventoriées, dont plusieurs sont endémiques à la réserve. On y trouve notamment des carex, des herbes, des géophytes, des roseaux, des plantes succulentes, ainsi que de nombreuses plantes annuelles, comme la marguerite du Cap (*Dimorphotheca pluvialis*) et le séneçon littoral (*Senecio littoreus*) qui, d'août à septembre, forment des tapis de fleurs blanches et jaunes.

Plus de 80 espèces d'oiseaux ont été répertoriées dans la réserve, dont des échassiers, des sarcelles du Cap et des vanneaux armés. On y croise également quelques petits mammifères, et au moins un caracal. Avec un peu de chance, il est aussi possible d'y observer des raphicères du Cap, des mangoustes grises et des lièvres du Cap. Le cobra du Cap habite également les lieux, comme la tortue à soc d'Afrique du Sud, le caméléon nain du Cap et la grenouille de pluie du désert. Fait intéressant, une minuscule libellule, le diplacode noir (*Diplacodes lefebvrii*), qui n'avait jamais été aperçue sur la péninsule du Cap, a été repérée ici pour la première fois en mars 2014.

En outre, la *Cape Flats Nature Reserve* possède une pépinière, dans laquelle les plantes indigènes des Cape Flats sont cultivées. L'objectif ultime de la réserve étant de restaurer, autant que possible, l'écosystème de la région, ces plantes sont vendues aux visiteurs à des prix extrêmement abordables (certaines coûtent à peine R5). De cette manière, les gérants de la réserve espèrent populariser les plantes locales, en particulier auprès des jardiniers habitant les quartiers des environs.

LE MUSÉE MARVOL

18

Marvol Museum of Russian Art and Culture
Hazendal Estate, Kuilsriver
• Tél. 021 903 5035
• Accès : en roulant vers Stellenbosch sur La Belle Road (M31), tourner à gauche sur Bottelary Road (M23) : l'entrée du domaine de Hazendal se trouve sur la gauche, trois feux plus loin
• Horaire d'ouverture : tous les jours de 10h à 16h

Un morceau de Russie au cœur des vignobles

Installé sur un ancien domaine viticole du Cap, le musée Marvol est consacré à l'art et à la culture russes. Le rez-de-chaussée expose des œufs de Fabergé et des icônes religieuses, l'étage étant consacré à une collection de poupées matryoshka, ainsi qu'à une série de toiles représentant des scènes pastorales, des villes et des paysages enneigés.

Ce musée a été créé par Mark Voloshin, l'un des propriétaires du domaine viticole de Hazendal, fondé en 1699.

Né à Moscou, Voloshin a d'abord étudié la dentisterie à l'Institut médico-dentaire de la capitale russe. Il s'est ensuite lancé dans les affaires, devenant l'un des fondateurs du groupe Marvol, dont les activités comprennent la production, le commerce, la finance, le marketing et le conseil. En 1994, son associé et lui ont acheté Hazendal Estate. Les anciens bâtiments de la ferme ont alors été restaurés, et le musée Marvol y a été installé pour présenter au public la collection privée de Voloshin.

Les œufs de Fabergé constituent assurément les pièces maîtresses de cette exposition permanente. Fabriqués à la main par le joailler Pierre-Karl Fabergé

(1846-1920), les premiers exemplaires de ces merveilles ont été réalisés à la demande du tsar Alexandre III qui, à partir de 1885, avait adopté la coutume de les offrir à sa femme, l'impératrice Maria Fedorovna, à l'occasion des fêtes de Pâques. Après la mort du tsar en 1894, Fabergé n'a pas cessé d'en produire, ni d'améliorer sa technique. Nombre de ses œufs, cependant, ont été détruits ou vendus après la révolution de 1917.

Voloshin en a fait réaliser une série de copies, dont il a offert une partie au président Nelson Mandela en 1997. Certaines de ces pièces ont été vendues aux enchères au profit du *Nelson Mandela Children's Fund*.

Demeuré fidèle à sa vocation viticole, Hazendal propose également des dégustations de vin, et comporte un restaurant, l'Hermitage. Ses pelouses offrent un joli point de vue sur les bâtiments de la ferme et les vignobles.

LES HIPPOPOTAMES ÉVADÉS DE RONDEVLEI ⑲

Rondevlei Nature Reserve, Fisherman's Walk, Grassy Park
• www.imvubu.co.za
• Horaires d'ouverture : tous les jours de 7h30 à 17h, et de 7h30 à 19h les samedis et dimanches de décembre à février

Nichée au cœur des banlieues insalubres de Grassy Park, Zeekoevlei et Lavender Hill, la réserve naturelle de Rondevlei est une zone marécageuse de 290 hectares, qui abrite environ 280 sortes de plantes indigènes, 230 espèces d'oiseaux, divers reptiles et petits mammifères, et la seule population d'hippopotames du Cap.

> ***La seule population d'hippopotames du Cap***

Les hippopotames étaient autrefois nombreux sur la péninsule. Mais, 18 jours à peine après le débarquement au Cap de Jan van Riebeeck en 1652, ses hommes ont abattu l'un de ces animaux : ils ont alors découvert que sa viande était savoureuse et que sa peau permettait de fabriquer des fouets et des cordages d'excellente qualité. Aussi, dès le XVIIIe siècle, les hippopotames du Cap-Occidental avaient-ils été exterminés.

Ce n'est qu'en 1981 que deux hippopotames mâles ont été importés du KwaZulu-Natal, pour tenter de limiter la prolifération d'une herbe sud-américaine qui colonisait les zones marécageuses. Trois ans plus tard, deux femelles ont été introduites au Cap et, en août 1984, le premier bébé hippopotame en près de 300 ans est né à Rondevlei. De nos jours, une demi-douzaine de ces animaux vit dans la réserve, contribuant à protéger la biodiversité de cet écosystème.

Il arrive, cependant, que ces mammifères parviennent à s'échapper (ces fugitifs sont généralement de jeunes individus chassés par un mâle dominant). La première évasion s'est produite en février 2004, lorsqu'un jeune spécimen nommé Houdini a profité d'une brèche dans la clôture pour se précipiter dans la rivière Zeekoevlei. Sa cavale a duré 10 mois, et il n'a pu être capturé qu'après une course-poursuite de 3 heures et demie. En 2009, un autre hippopotame, âgé de 4 ans et surnommé Zorro, s'est échappé à son tour et a survécu dans les égouts du quartier pendant 18 mois avant d'être retrouvé. Enfin, en août 2012, une femelle et son petit, accompagnés d'un jeune mâle, ont quitté la réserve après qu'une section de sa clôture a été volée.

Les hippopotames ayant tendance à rester sous l'eau durant la journée, l'aube et le crépuscule constituent les moments les plus favorables pour les observer, en arpentant le sentier d'un kilomètre qui longe le marécage. Par ailleurs, la société Imvubu Tours organise des visites nocturnes (il est ainsi possible de passer la nuit sur une île de la réserve), ainsi que des excursions en bateau.

LA RÉSERVE NATURELLE DE WOLFGAT

20

De part et d'autre de Baden Powell Drive, Mitchell's Plain, entre les centres de loisirs de Mnandi et de Monwabisi
• Tél. 021 392 5134 / 5

« *L'ancien habitat des hyènes brunes* »

Située sur la côte de False Bay, Wolfgat est une petite réserve naturelle non clôturée, qui offre une vue imprenable sur les falaises et les dunes du littoral qui s'étend de Cape Hangklip à Cape Point.

Cette zone protégée comprend 248 hectares de flore menacée et de falaises calcaires. On y trouve notamment des formations végétales naturelles caractéristiques de la province du Cap-Occidental (fynbos côtier et *Cape Flats dune strandveld*), ainsi que des arbustes à feuillage persistant, des plantes succulentes à fleurs, des zantedeschias et plusieurs variétés de marguerites. Diverses espèces d'oiseaux, notamment les goélands dominicains et les huîtriers de Moquin, y nichent également.

En dépit des efforts déployés pour conserver intact ce patrimoine naturel, la végétation y est menacée par la prolifération d'un arbuste appelé Acacia cyclops (ou *rooikrans*, « guirlande rouge », en afrikaans). Celui-ci a colonisé de vastes portions du littoral et des plaines, étouffant les plantes endémiques et perturbant les écosystèmes côtiers.

Les visiteurs de la réserve peuvent y pratiquer différentes activités : randonnée, pique-nique, pêche dans certaines zones (un permis est requis), observation des oiseaux et des baleines, natation et parapente.

Wolfgat est gérée par la municipalité du Cap, en partenariat avec les communautés locales de Khayelitsha et de Mitchell's Plain. Des gardiens veillent sur ce fragile écosystème, et présentent régulièrement les richesses de la réserve aux écoliers et aux étudiants de la région.

Enfin, la zone isolée de Wolfgat n'est pas sûre : pour des raisons de sécurité, il est préférable de s'y rendre en groupe et de ne pas emporter d'objets de valeur.

Wolfgat signifie « Grotte du Loup », en référence à l'hyène brune ou *strandwolf*, qui peupla la région jusqu'au XIXe siècle. Une tanière fossilisée ayant été découverte sur cette partie de la côte dans les années 1960, « Wolfgat » est devenu un toponyme.

INDEX ALPHABÉTIQUE

INDEX ALPHABÉTIQUE

Remerciements et crédits

Pour l'ensemble de l'ouvrage, les auteurs adressent leurs remerciements particuliers à Jonathan Price, Biddy Greene, Jana Gough, Merry Dewar et Sue Townsend.

Alison Westwood :
Mark Hawthorne - Orange Kloof
Cynthia Court - Carillon de l'Hôtel de Ville
Laurenda van Breda - Réserve naturelle des Cape Flats
Jacques Kuyler - Réserve naturelle de Blaauwberg
Nicolette Nunes - *Heritage Square*
Rob Slater - Zone protégée de l'hippodrome de Kenilworth
Ian Walters - Casa Labia
Andre Laubscher - Ferme Tamboerskloof
Peter Muller et Andrew Cochrane - Optométristes Muller
Chin Hung Lin - Temple de Mazu
Bryan Little et Filipa Domingues - *The Endemic Project*
Ian Macfarlane - *Ubuntu Wellness Centre* (Arbre Ubuntu)
Jim Hislop - *I Love Woodstock*
Les Boshoff - Musée de l'automobile de Wijnland
Jurina Le Roux - Réserve naturelle de Koeberg

Justin Fox :
Richard Whiteing - Robben Island
Zainab « Patty » Davidson - *Amlay House* (Musée du Patrimoine)
Tony Davenport - *Josephine Mill*
Christopher Peter - *Irma Stern Museum* (Siège-autel de Buli)
Harry Croome - *Middle North Battery* et tour Martello
Ryno du Rand - *Tintswalo Atlantic* et son hamac
Anna Sala Farras - Épave du SS *Kakapo*
Philip Short - *Ship Society of South Africa*
Jos Baker - Klein Zoar

Crédits photographiques :
Toutes les photographies sont d'Alison Westwood et de Justin Fox, à l'exception de :
Le premier canon de midi : Gavin Cromhout
The Endemic Project (deux clichés) : Bryan Little
Réserve naturelle des Cape Flats (photographie de gauche) : Laurenda van Breda
Haakgat Point (photographie de droite) : Tracey Younghusband

Cartographie : **Cyrille Suss** - Conception de la maquette : **Roland Deloi** - Maquette : **Emmanuelle Willard Toulemonde** - Couverture : **Coralie Cintrat** - Traduction : **Guillaume Bouvier** - Relecture : **Marie-Odile Boitout et Clémence Mathé** - Édition : **Clémence Mathé**

Dépôt légal : Juin 2018 - Édition: 01
ISBN : 978-2-36195-289-1
Imprimé en Bulgarie par Dedrax